W0371815

Tillmann Hahn

Text: Ingo Swoboda
Fotografie: Bernd Grundmann

Süddeutsche Zeitung Edition

Bibliothek der Köche

Sylt
Rostock-Warnemünde
Hamburg
Osnabrück
Hameln
Leipzig
Köln
Bergisch Gladbach
Frankfurt am Main
Stromberg
Mainz
Bayreuth
Naurath/Wald
Nürnberg
Zweibrücken
Herxheim
Stuttgart
München
Tegernsee

MECKLENBURGER BUCHT

DIE BIBLIOTHEK DER KÖCHE

1. *Dieter Müller/Nils Henkel* **Bergisches Land**
2. *Johannes King* **Sylt**
3. *Harald Rüssel* **Mosel**
4. *Martin Fauster* **München**
5. *Martin Göschel* **Frankfurt**
6. *Ali Güngörmüs* **Hamburg**
7. *Thomas Kellermann* **Berlin**
8. *Jörg Glauben* **Pfalz**
9. *Eric Menchon* **Köln**
10. *Alexander Herrmann* **Oberfranken**
11. *Frank Buchholz* **Rhein-Main**
12. *Tillmann Hahn* **Mecklenburger Bucht**
13. *Peter Maria Schnurr* **Sachsen**
14. *Bernhard Diers* **Stuttgart**
15. *Michael Fell* **Oberbayern**
16. *Thomas Bühner* **Osnabrücker Land**
17. *Andree Köthe/Yves Ollech* **Mittelfranken**
18. *Karl-Emil Kuntz* **Mittlerer Oberrhein**
19. *Achim Schwekendiek* **Weserbergland**
20. *Johann Lafer* **Hunsrück**

INHALT

INHALT

INHALT

INHALT

JASMUND
JASMUND
RESTAURANT

bugatti
Raymarine

Feiner Sand und alte Leuchttürme: Die Küste in Mecklenburg zählt zu den schönsten der Ostsee und erlebt als Erholungsregion gerade ihre Renaissance

Wie ein Schiffsbug ragt die Spitze der „Yachthafenresidenz Hohe Düne“ in Richtung Ostsee

Tillmann Hahn

Vom Alten Strom in Warnemünde aus fällt der Blick unweigerlich auf die gegenüberliegende „Yachthafenresidenz Hohe Düne“ mit ihrer mediterran anmutenden Architektur, ein gewaltiges Ensemble auf einem weitläufigen Areal, eine kleine Stadt, gelegen an einem der schönsten Yachthafen Europas direkt an der Ostsee. Die Yachthafenresidenz ist Tagungs- und Kongresszentrum, vor allem aber ein Hotel mit maritimer Atmosphäre in edlem Ambiente, ein exklusiver Logenplatz an der Ostsee mit klarer Sicht auf Hafen und die See. Tillmann Hahn hat hier an der mecklenburgischen Küste sein neues Zuhause und in seinem Gourmet-Restaurant „Der Butt“ in der „Yachthafenresidenz Hohe Düne“ seine kulinarische Heimat gefunden, eine Symbiose aus Erfahrungen, Weltoffenheit und interessanten Lehr- und Wanderjahren, die Hahn eindrucksvoll in seinen Menüs darstellt. Ihn festzulegen auf einen Stil oder eine Richtung würde seiner Kochkunst nicht gerecht werden, Tillmann Hahn ist vielseitig stilsicher und facettenreich geschmackvoll in seinen Kreationen, die oft exotisch geheimnisvoll klingen und als „Collage Culinaire“ einen weiten und

Tillmann Hahn ist vielseitig stilsicher und facettenreich geschmackvoll in seinen „Collages Culinaires"

vor allem spannenden Bogen durch die Welt des feinen Geschmacks schlagen. Seine Idee vom Kochen und damit auch vom Essen ist weitsichtig, sucht und findet Harmonie und Spannung in auf den ersten Blick und Biss ungewöhnlichen Geschmacksrichtungen, ist nicht experimentell oder kurzfristig modisch, sondern präzise durchdacht und für den Gaumen wie ein unbeschwerter Spaziergang durch unterschiedliche ethnische Traditionen. Vor allem die asiatische Kultur hat es ihm angetan, ihre geschmacklichen Nuancen und Akzente gehören längst zum kulinarischen Repertoire von Tillmann Hahn, der sie gekonnt und ohne jegliche Effekthascherei mit Klassikern aus der „Haute Cuisine" verbindet. Dass Tillmann Hahn diese kreative Gratwanderung authentisch wie kaum ein anderer deutscher Koch beherrscht, dahinter stecken mehrere Jahre Kocherfahrung in Hongkong.

Orientierung in Richtung Küche

Dem Schritt nach Asien geht eine Karriere am Herd voraus, die im Leben von Tillmann Hahn zunächst nicht vorgesehen war. Hahns Weg in die Gourmet-Gastronomie ist dennoch kein Zufall, eher eine langsam wachsende Perspektive, die er irgendwann selbst erkennt und dann seinen Weg zielsicher geht. Schon früh in seiner Kindheit im Odenwald erfährt Tillmann Hahn, was Kochen und Backen bedeuten. Die Eltern pflegen zu Hause eine ambitionierte Küche, die zwischen Alltag und Festtag unterscheidet und die den Hunger nicht als immer wiederkehrende Schikane der Natur, sondern als willkommene Möglichkeit empfindet, ihm mit der Lust am Kochen zu begegnen. Tillmann Hahn wird nach und nach in diesen Prozess eingeführt und er entdeckt seine eigene Lust am Kochen und am Backen. Das breit gefächerte Spektrum der Produkte und Gewürze, die unterschiedlichen Zubereitungsmethoden und die damit verbundene geschmackliche Abwechslung lassen ihn erahnen, dass Kochen eine Bandbreite an Entwicklungsmöglichkeiten zulässt und den eigenen Ideen genügend Raum bietet, um Neues entstehen zu lassen. Was aber wirklich am Herd möglich ist, sieht Hahn erst während eines Ferienjobs im nahen Bad König. Die angespannte Hektik der Hotelküche, die dank ihrem straff organisierten Ablauf ein Gemeinschaftswerk entstehen lässt, das Glanz in die Augen der Gäste bringt, fasziniert ihn und die Vorstellung, hinter den Kulissen dafür mitverantwortlich zu sein, übt auf Hahn einen besonderen Reiz aus. Er möchte dabei sein und aus dem Ferienjob wird ein regelmäßiges Engagement neben der Schule, das nicht nur das Taschengeld aufbessert, sondern Tillmann Hahn auch mit den Härten und den sonn-

KONGRESSZENTRUM
HOHE DÜNE

und feiertäglichen Arbeitszeiten der Gastronomie konfrontiert. Doch das schreckt den jungen Hahn nicht ab und er absolviert sein Schülerpraktikum 1986 in den „Schweizer Stuben", die damals unter der Regie von Dieter Müller standen. Unter dem Eindruck des legendären Restaurants und der mit höchsten Weihen der Gastrokritik ausgezeichneten Küche kommt ihm zum ersten Mal der Gedanke, seinen Berufsweg als Koch zu suchen. Nach dem bestandenen Abitur bewirbt sich Tillmann Hahn bei Dieter Müller in Wertheim, doch in den „Schweizer Stuben" ist kein Platz frei. Hahn ist enttäuscht, eine Alternative hat er nicht vorbereitet. Dazu ruft die Bundeswehr und Tillmann Hahn verabschiedet sich zunächst von dem Gedanken, eine Lehre als Koch anzutreten. Doch was genau er nach dem Wehrdienst machen möchte, worin er seine berufliche Zukunft sieht, darüber ist sich Hahn zu diesem Zeitpunkt nicht sicher. Ein Aushilfsjob auf dem Bau erscheint zunächst lukrativ, bietet aber nur wenig Perspektiven und das Studium der Elektrotechnik in Darmstadt ist letztendlich auch nicht die Welt von Tillmann Hahn.

Wertheim, Hamburg und Lerbach

Vielleicht sollte er es noch einmal mit einer Bewerbung in der Gastronomie versuchen, schließlich ist ihm die Arbeit am Herd niemals schwergefallen und hat ihn immer in seinem Ehrgeiz gefordert. Hahn schickt seine Unterlagen wieder in die „Schweizer Stuben" und wird diesmal genommen. Seine Grundkenntnisse bringen ihn schnell voran, der Lehrling wird sofort in die Küchen-Mannschaft integriert und bekommt von Küchenchef Fritz Schilling Verantwortung übertragen. Zwei spannende und ausgefüllte Lehrjahre an der Seite von Schilling bringen Tillmann Hahn auf den Weg in

Nostalgische Hafenstimmung entlang des Alten Stroms in Warnemünde

die Spitzengastronomie und er spürt vom ersten Tag an, dass er in der Vielseitigkeit des Kochberufes das findet, was ihm Spaß macht, aber auch fordert. Nach der Lehre zieht es Hahn zunächst nach Hamburg, er möchte raus aus dem ländlichen Umfeld um in der Restaurantszene einer Großstadt Erfahrungen zu sammeln. Doch das Engagement im „Landhaus Scherrer" entspricht nicht ganz seinen Vorstellungen und Hahn wechselt nach wenigen Wochen in das gerade eröffnete Restaurant „Marinas" von Michael Wollenberg im Hamburger Hafen. Sieben Tage die Woche, mittags und abends: die junge Küchencrew hat kaum Zeit zum Durchatmen, das Restaurant boomt in der Anfangsphase und Tillmann Hahn nimmt die Herausforderung an. Spaß habe es gemacht, sagt er heute, überhaupt war die Hamburger Zeit eine wichtige Erfahrung in seiner Karriere, eine Phase, in der er viele Dinge kritisch hinterfragte, gleichzeitig offen für neue Ideen und Anregungen war und Gastronomie in zwei völlig unterschiedlichen Küchen erlebte. Mit einem lachenden und einem weinenden Auge verlässt Tillmann Hahn die Hansestadt und zieht nach Bergisch-Gladbach. Im nahen Schlosshotel Lerbach kocht Dieter Müller, den Hahn aus seinem Schülerpraktikum kennt und dessen Restaurant zu den besten Deutschlands zählt. An Müllers Seite erlebt Tillmann Hahn den Erfolgsdruck, der auf der Küchenmannschaft eines Spitzenbetriebes tagtäglich lastet. Dieter Müller steht selbst am Herd, kontrolliert, schmeckt ab und gibt den Tellern den letzten Schliff. Nichts entgeht dem Perfektionisten, sein Fleiß, seine Beständigkeit und seine Kompetenz fordern die ganze Küchenmannschaft zur Höchstleistung. Die Stimmung in der Küche ist gut, der disziplinierte Teamgeist lässt die Küche

wie ein Schweizer Uhrwerk funktionieren. Tillmann Hahn fühlt sich wohl inmitten dieser Herausforderung.

Abenteuer Hongkong

Dennoch verspürt er den Drang, für einige Zeit ins Ausland zu gehen, am liebsten in die USA. Hahns Wunsch ist eine Mischung aus Fernweh und Abenteuerlust, noch ahnt er nicht, dass sein Auslandsengagement tatsächlich zum Abenteuer wird. Ziel seiner neuen Herausforderung sind allerdings nicht die Vereinigten Staaten, sondern Hongkong, eher eine Verlegenheitslösung als Wunschdestination. In einem kleinen Restaurant, mitten im Zentrum der pulsierenden Metropole, beginnt seine asiatische Phase, die ihn nachhaltig prägen wird. Und sie beginnt gleich mit einem Paukenschlag. Vier Wochen nach seinem Arbeitsbeginn schließt das Restaurant, für Tillmann Hahn kommt das Aus völlig überraschend und er findet sich nach nur einem Monat arbeitslos in Hongkong. Kein guter Start für den ambitionierten Koch, der nun von Hotel zu Hotel tingelt und nach Arbeit sucht. Es werden anstrengende und frustrierende Wochen für Tillmann Hahn und er ist kurz davor, die Segel in Hongkong zu streichen und nach Deutschland zurückzukehren. Doch dann kommt das Angebot für ein Probekochen im legendären „Mandarin Oriental" und Hahn bekommt noch während des Essens die Zusage. Das Abenteuer Hongkong bekommt damit eine positive Wendung und Hahn wird rund vier Jahre in der Stadt am Südchinesischen Meer bleiben. Das riesige Luxushotel verfügt über die ganze Bandbreite der Gastronomie, vom einfachen Sandwich bis zur französischen „Haute Cuisine" reicht das Angebot des Hotel-Klassikers. Tillmann Hahn beginnt als Souschef im Grill-Restaurant, stetig wächst seine Verantwortung und er arbeitet sich im Lauf der Zeit bis zum stellvertretenden Küchendirektor nach vorne. Es wird für ihn eine spannende, lehrreiche und aufregende Zeit. Die Vielfalt der asiatischen Märkte und der Zugriff auf Produkte aus aller Welt, die Verschmelzung von kulturellen Geschmacksgrenzen und die gleichzeitige Akzentuierung ethnischer Traditionen in der Küche faszinieren Tillmann Hahn und er erweitert nicht nur sein Wissen um die Kunst der Zubereitung, sondern vor allem seine Kreativität, Produkte harmonisch und gleichzeitig spannend miteinander zu verbinden.

Zurück nach Wertheim

Der Weg zurück nach Deutschland ist mit dem Angebot verknüpft, als Küchenchef die Nachfolge von Fritz Schilling in den „Schweizer Stuben" anzutreten. Tillmann Hahn kann nicht widerstehen. Eine solche Chance kommt nur einmal im Leben, und obwohl er eher von einem Engagement in Hawaii träumt, willigt er ein und zieht nach Wertheim, zurück zu seinen Wurzeln, dort wo seine Karriere begonnen hat. Doch die Zeiten haben sich geändert. Die einstige Kaderschmiede deutscher Spitzenköche hat Konkurrenz im ganzen Land bekommen und Hahn ahnt nicht, dass die „Schweizer Stuben" längst in wirtschaftlichen Schwierigkeiten sind. Eine Ära geht langsam, aber sicher zu Ende, dennoch hat Tillmann Hahn seinen Schritt zurück nach Wertheim nie bereut.

Weiter an die Ostsee

Als mit der Neueröffnung des „Kempinski Grand Hotel Heiligendamm" gleichzeitig die Wiedergeburt von Deutschlands ältestem Seebad eingeläutet wird, wechselt Tillmann Hahn an die mecklenburgische Küste und wird Küchendirektor des exklusiven, im klassizistischen Stil erbauten Hotels. Hahn und sein Team machen die Gastronomie schnell zum Aushängeschild des Hotels, neben dem Gourmet-Restaurant und der Hotelküche kümmert sich Hahn auch um die administrativen Aufgaben rund um das kulinarische Geschehen im Grand Hotel. Höhepunkt seiner Zeit in Heiligendamm ist der G8-Gipfel, der vor allem ob der hohen Sicherheitsmaßnahmen zur logistischen Herausforderung für Hahn und seine Mannschaft wird. Kurz danach erhält er das Angebot, in die „Yachthafenresidenz Hohe Düne" zu wechseln und er schlägt ein. Längst haben er und seine Familie an der Ostsee eine neue Heimat gefunden, Tillmann Hahn liebt die Stimmung an der Küste, das wechselhafte, manchmal raue Klima und die Schönheit der Region, die an vielen Orten noch unentdeckte Schätze birgt und ihren Charme und ihren Flair ohne großes Aufsehen darbietet. Es liegt eine erholsame Ruhe über der Region, eine beruhigende Bodenständigkeit, die Produkte hervorbringt, die auch Verwendung in Hahns Gourmet-Küche finden. Es ist dabei längst nicht nur der fangfrische Fisch vom Kutter, Hahn verfügt über ein kulinarisches Netzwerk, das ihm regionale Käsesorten, frische Kräuter und Bio-Kartoffeln genauso wie hausgemachte Schinkenspezialitäten vom Metzger und Fleisch in bester Bio-Qualität ins Restaurant bringt. Die Vielfalt des regionalen Angebotes ist für ihn eine Bereichung, keine Barriere, denn asiatische Elemente gehören ebenso zu seiner Küche wie europäische Gourmet-Klassiker. Tillmann Hahn lässt sich ungern festlegen, hat seinen eigenen facettenreichen Stil gefunden und im schicken, hellen Ambiente seines neuen Gourmet-Restaurants „Der Butt" eine Bühne, die seinen bemerkenswerten Kreationen einen angemessenen Auftritt verschaffen.

GETREIDE AG

STADTBIBLIOTHEK
STADTBIBLIOTHEK

Rostock

Die Liste der in Rostock geborenen Persönlichkeiten ist lang und reicht vom legendären preußischen Generalfeldmarschall Blücher bis zum Schriftsteller Walter Kempowski, der mit seinem autobiografischen Roman „Tadellöser und Wolff" seiner Heimatstadt ein literarisches Denkmal gesetzt hat. Das war Mitte der 1970er Jahre, als die Entspannungspolitik zwischen der Bundesrepublik und der DDR den Eisernen Vorhang ein klein wenig öffnete und die Verfilmung von Kempowskis Roman Rostock in die Wohnzimmer der Bundesbürger brachte. Denn bis dahin war es still geworden um die alte Hansestadt an der Ostsee, die geprägt ist durch die Lage am Meer, den Hafen, die Hanse und deren Backsteingotik sowie die Universität, die bereits Anfang des 15. Jahrhunderts gegründet wurde und zu den ältesten Nordeuropas zählt. Heute ist Rostock die größte Stadt des Bundeslandes Mecklenburg-Vorpommern und eine moderne Metropole mit einem der bedeutendsten Ostseehäfen, in dem auch Kreuzfahrer aus aller Welt anlegen. Doch der Weg dorthin ist von Aufstieg und Fall gekennzeichnet, die Stadt an der Warnow kann auf eine bewegte Geschichte zurückblicken.

Rostock liegt ziemlich genau in der nördlichen Mitte Mecklenburg-Vorpommerns. Das Stadtgebiet erstreckt sich beiderseits des Unterlaufs der Warnow, die als Unterwarnow vom Stadtzentrum bis zur rund 16 Kilometer entfernten Küste schiffbar ist. In der Geschichtsschreibung taucht die Stadt erstmals Anfang des 12. Jahrhunderts auf, aus der slawischen Fürstenburg entwickelt sich eine Siedlung mit Handwerkern und Kaufleuten auf beiden Seiten der Warnow. Schnell steigt Rostock zu einem wirtschaftlichen Zentrum Mecklenburgs auf, Anfang des 13. Jahrhunderts bestätigt der Fürst von Mecklenburg und Herr über Rostock das Lübische Stadtrecht, wenig später erhält die Stadt vom dänischen König die gleichen Handelsprivilegien wie zuvor schon Lübeck, vor allem die Zollfreiheit in der Herrschaft Rostock bilden die Grundlage für die städtische Machtstellung. Der „Neue Markt" bildet das Herzstück Rostocks, die

mit einer Mauer umgebene Stadt bleibt bis ins 19. Jahrhundert hinein in ihren engen Grenzen.

Hansestadt Rostock

Im Jahre 1293 schließen sich die Städte Lübeck, Wismar, Greifswald, Stralsund und Rostock zum Hansebund zusammen. Aus einer anfänglichen Kaufmannsvereinigung wird ein Städtebund, dem rund 70 Städte angehören, dazu kommen noch etwa 100 bis 130 Mitglieder, die mit der Hanse locker verbunden sind. Die Mitglieder betreiben einen regen Warenaustausch zwischen West- und Osteuropa, Ziel sind die Sicherung der Handelswege über die Ostsee, der Ausbau der Handels-Privilegien in anderen Ländern und die gegenseitige Hilfe im Kriegsfall. Die Hanse-Städte werden mächtig und einflussreich, Widerstände werden mit Handelsblockaden aufgeweicht, ungeliebte

ROSTOCK-WARNEMÜNDE

Konkurrenten, wie die englischen Kaufleute, erhalten Einfahrtsverbote in den Ostseeraum. Rostock steigt zu einem der bedeutendsten Mitglieder der Hanse auf, denn sein Hafen ist längst der wichtigste des Landes und mit der Gründung der Universität bekommt die Stadt auch als geistiges Zentrum im Ostseeraum einen privilegierten Status. Der lukrative Handel mit Getreide, Fischen (vor allem Hering), Butter, Tuchen und Salz führt die Rostocker Kaufleute von Russland im Osten bis nach Venedig und Italien im Süden. Die hanseatische Tradition der Stadt an der Warnow ist bis heute spürbar, in bewusster Anlehnung daran trägt Rostock seit 1990 wieder den offiziellen Titel „Hansestadt".

Bewegte Geschichte

Die Stürme der Zeit gehen auch an Rostock nicht spurlos vorüber. Während der so genannten „Domfehde" wird die Stadt mit dem Kirchenbann belegt und die Universität muss zeitweise die Stadtgrenzen verlassen, bis der Papst die Rückkehr erlaubt. Als die Ideen Martin Luthers und die Reformation die katholische Welt erschüttern, entscheidet der Rat der Stadt die Verbindlichkeit der reformatorischen Lehre in den Rostocker Kirchen. Im Dreißigjährigen Krieg, dessen Wirren auch das endgültige Aus der Hanse bedeuten, leidet die Stadt unter den ständig wechselnden Besetzungen und Plünderungen. Von Wallenstein zur Festung ausgebaut, erobern 1631 die Schweden Rostock und belegen die Bürger mit dem „Schwedenzoll", der die ohnehin gebeutelte Stadt schwer belastet und für Jahrzehnte die Aktivitäten im Rostocker Hafen unterdrückt. Handwerk und Handel kommen fast zum Erliegen, die Einwohnerzahl sinkt dramatisch und ein Brand vernichtet einige Jahre später ein Drittel der Stadt. Rostock fällt in die politische und wirtschaftliche Bedeutungslosigkeit und kann sich kaum von den Kriegseinwirkungen erholen, die mit dem Nordischen und Siebenjährigen Krieg noch einmal die Stadt heimsuchen. Erst gegen Ende des 18. Jahrhunderts beginnt der langsame Wiederaufstieg der alten Hansestadt, doch die Rostocker Bürger erleben immer wieder einschneidende Rückschläge. Als die Franzosen

Ein Rundgang durch die Stadt zeigt die vielen renovierten gotischen Backsteingebäude aus der Zeit der Hanse

Mecklenburg besetzen, werden viele junge Männer zum Dienst in der napoleonischen Armee verpflichtet, dazu ist die so genannte „Kontinentalsperre“ ein nachhaltiges Hemmnis für die Wirtschaft der Stadt. Ironie des Schicksals, dass ausgerechnet ein Rostocker das Ende der napoleonischen Eroberungszüge einleitet. Gebhard Leberecht von Blücher, bekannt als preußischer Generalfeldmarschall „Vorwärts“, kämpft während der Befreiungskriege auf Seiten der Allianz gegen Frankreich und ist in der Schlacht von Waterloo, neben dem britischen General Wellington, entscheidend an der Niederlage Napoleons beteiligt. Als Blücher 1816 seine Heimatstadt besucht, feiern ihn die Rostocker als siegreichen Feldherrn und er wird der erste Ehrenbürger Rostocks. Kurz vor seinem Tode errichten sie ihm vor der Universität ein Denkmal, die überlebensgroße Statue ist ein Werk von Johann Gottfried Schadow, der auch die Quadriga auf dem Brandenburger Tor in Berlin schuf.

Das 19. Jahrhundert und die Gründerzeit sind von der zunehmenden Industrialisierung geprägt, die Bevölkerungszahl Rostocks steigt rapide an und die Stadt wächst über ihre alten Mauern hinaus. Neue Villen- und Arbeiterviertel entstehen und die Universität erhält ihr heutiges Hauptgebäude. Um die gleiche Zeit entwickelte sich auch Warnemünde zu einem der bedeutendsten Seekurorte im Deutschen Reich. Gegen Ende des Jahrhunderts wird die „Neptun Schiffswerft und Maschinenfabrik AG“ als der erste industrielle Großbetrieb Mecklenburgs gegründet, die Chemischen Fabriken, der Landmaschinenbau, das Bauwesen und die Entwicklung Rostocks zum Verwaltungs- und Bankenstandort tragen zu einem seit langem ungekannten Aufstieg der Stadt bei. Nach Ende des Ersten Weltkrieges und dem Sturz des Großherzogs gehören die halbfeudalen Verhältnisse in Mecklenburg der Vergangenheit an und Rostock bekommt die erste demokratische Verfassung im Laufe seiner Geschichte. Die „Goldenen Zwanziger“ bringen noch einmal wirtschaftlichen Schwung in die Stadt. 1922 werden in Rostock die Flugzeugwerke von Ernst Heinkel gegründet, die das erste funktionsfähige Flugzeug mit Düsenantrieb entwickeln. Der Jungfernflug dieser als He 178 bezeichneten Maschine wird im August 1939 in Rostock durchgeführt. Mit Ausbruch des Zweiten Weltkrieges werden die Flugzeugwerke ein wichtiges Angriffsziel alliierter Bomber und auch das alte Rostock wird schwer getroffen. Bereits Ende 1942 ist Rostock eine der am schwersten zerstörten Städte im Deutschen Reich. Ein Großteil der Stadt versinkt in Schutt und Asche, mehr als die Hälfte der historischen Bausubstanz geht für immer verloren.

Rostock die größte Stadt des Bundeslandes Mecklenburg-Vorpommern mit einem der bedeutendsten Ostseehäfen

Nachkriegszeit und Wende

Nach dem Krieg beginnt unter Kontrolle der sowjetischen Besatzungsmacht der Wiederaufbau der zerstörten Stadt, schnell entwickelt sich Rostock zum Schiffbau- und Schifffahrtszentrum der DDR. Neben den Werften entsteht das Dieselmotorenwerk, das Fischkombinat, die Deutsche Seereederei Rostock und der Überseehafen Rostock. Mit der Wende 1989 beginnt für die alte Hansestadt eine neue Zeit, neben schwierigen wirtschaftlichen Umstrukturierungen, die viele Arbeitsplätze kosten, bekommt Rostock ein neues altes Gesicht. Ab 1991 wird der historische Stadtkern gründlich saniert und als weithin sichtbares Zeichen für den Neuanfang erhält die Kirche St. Petri ihren neuen Turmhelm. Ein Rundgang durch die Stadt zeigt die architektonischen Schätze Rostocks, neben vielen gotischen Backsteingebäuden aus der Zeit der Hanse sind Teile der alten Stadtbefestigung erhalten. Zwischen dem Steintor und dem Kuhtor steht der Lagebuschturm als letzter von vier Wehrtürmen, das Kröpeliner Tor und Mönchentor wurden vollständig saniert. Innerhalb der Stadtmauern befinden sich einige imposante Kirchen wie die gotische Marienkirche, die frühgotische Nikolaikirche, die St.-Petri-Kirche am Alten Markt und die Klosterkirche „Zum Heiligen Kreuz“. Bedeutende Profanbauten sind das gotische Rathaus mit seiner nachträglich barockisierten Fassade, das spätgotische Kaufmannshaus und das neugotische Ständehaus, das Universitäts-Hauptgebäude am Universitätsplatz und zahlreiche Speicher auf der Halbinsel im Stadthafen. Zu den zahlreichen Bauten aus der Zeit der Industrialisierung zählt der denkmalgeschützte Wasserturm von 1903.

Warnemünde

Der Überseehafen ist heute der zweitgrößte deutsche Ostseehafen und gleichzeitig Verkehrsknotenpunkt für Reisen nach Skandinavien, Estland und Russland. Dazu ist Rostock aktuell der größte deutsche Kreuzfahrthafen, bedingt vor allem durch den guten Anschluss an den Raum Berlin und das 2005 eröffnete moderne „Cruise Center“ in Warnemünde. Das kleine Ostseebad mit dem breitesten Sandstrand der deutschen Ostseeküste und seinem weithin sichtbaren Leuchtturm liegt im Norden

15 76
SIT INTRA TE CONCORDIA
ET PUBLICA FELICITAS

6513774

ROSTOCK-WARNEMÜNDE

Rostocks, dort wo die Warnow ins Meer mündet. Das ehemalige Fischerdorf mit seinen niedrigen Häuserreihen entlang des Alten Stroms wird bereits im Jahre 1323 von Rostock gekauft, um für die Stadt dauerhaft den Zugang zur Ostsee zu sichern. Im 19. Jahrhundert gewinnt Warnemünde Bedeutung als Seebad, hier soll der Strandkorb erfunden worden sein, um Schutz gegen den Seewind zu bieten. Heute ist Warnemünde eine Touristenattraktion, die Mole reicht weit ins Meer hinaus, an ihrer Spitze geht der Blick auf die Küste von Rosenort im Osten bis hinter Stolteraa im Westen. Direkt neben dem Leuchtturm steht der „Teepott", ein Gebäude, das durch sein muschelförmiges Betondach auffällt und mehrere Restaurants beherbergt. Am Teepott beginnt auch die Seepromenade, sie verläuft direkt hinter den Dünen und wird auf zwei Kilometern zum Planetenwanderweg. Zwischen Seepromenade und dem Warnemünder Ortskern liegt der Kurpark mit seiner Freilichtbühne, auf der im Sommer Konzerte stattfinden. Mit einer Fähre geht es über den Neuen Strom auf das andere Ufer der Warnow, seit September 2005 gibt es bei „Hohe Düne" einen modernen Yachthafen mit einem ausgedehnten Hotelkomplex.

Warnemünde ist zu jeder Jahreszeit einen Besuch wert, über die drehbare Bahnhofsbrücke gelangt man in den Ortskern mit seinen alten, schmalen Gassen und der Kirche. In den historischen Häusern finden sich heute Cafés, Lokale, Eisdielen, viele kleine Boutiquen, Kneipen und Restaurants mit regionalen Spezialitäten. Natürlich kommt hier vor allem Fisch auf die Teller: ob Rökeraal (Räucheraal), Lachse, Forellen, Brat-, Back- und saurem Hering, Flunder, Zander oder Dorsch, die Auswahl ist groß und schmackhaft. Matjesheringe isst man mit Pellkartoffeln und Speckstippe, „Pommersche Tollatschen" vereinen Blut, Griebenschmalz und Rosinen. Kliebensuppe, Schmandkartoffeln und Arme Ritter gehören zur Küche Mecklenburg-Vorpommerns wie Kartoffeln und Kohlarten in allen Variationen. Äpfel kochen die Mecklenburger auch mit Speck und Kartoffeln zu „Himmel und Erde". Dazu passt ein Rostocker Bier, das bereits im 16. Jahrhundert ein wichtiges Exportgut der Rostocker Segelschifffahrt war. Rund 250 Brauer zählte seinerzeit die Rostocker Brauergilde. Den Schlusspunkt eines Kneipenbummels setzt ein echter Rostocker Kümmel.

Rostock bietet das ganze Jahr über ein buntes Programm an Veranstaltungen, neben „Kulturwochen", „Pfingstmarkt" und „Ostseejazz Festival" zieht der „Rostocker Sommer" mit Musik, Folklore, Literatur und die Veranstaltungsreihe „Sommer der Kulturen" Tausende von Besuchern an die Ostsee. Jeden Sommer finden in Warnemünde die „Warnemünder Woche" und die „Hanse Sail" statt, feste Größen im Regatta-Kalender vieler internationaler Segler-Profis.

Direkt neben dem alten Warnemünder Leuchtturm steht der „Teepott“ mit seinem muschelförmigen Betondach

Schusters
STADTBÄCKEREI

Kalte Vorspeisen

Verschiedene Austern-Shooters
„Belegte Brote“
Gefüllte Knusperhörnchen
Scheiben vom Meersalz-Rinderrücken
Neues Zander-Sashimi
Tataki vom Gelbflossen-Thunfisch
Salat von der Königskrabbe auf Avocadocreme
Rillettes vom Mecklenburger Ostseelachs
Salat von frischen Wildkräutern
Variation vom Hering
Gänsevariation

Verschiedene Austern-Shooters

Safrangelee-Shooter
Tomaten-Salsa-Shooter
Grüner Shooter

1. Für den Safrangelee-Shooter den Fischfond mit Safran aufkochen und die kalt eingeweichte Gelatine darin auflösen, mit Weißweinreduktion, Salz und Pfeffer abschmecken und auf Eis kalt rühren. Kaltes Gelee mit Schalotten und Paprika auf Gläser verteilen, eine Auster darauflegen und mit etwas aufgeschäumter Velouté und Dill verzieren.

2. Für den Tomaten-Salsa-Shooter die Tomaten mit Oliven und Schnittlauch vermischen und mit Salz, Pfeffer, Olivenöl und weißem Balsamico, evtl. etwas Zucker abschmecken. Auf die Gläser verteilen und je eine schöne, große Auster darauflegen. Obenauf mit den frisch gebratenen Croutons ergänzen.

3. Für den grünen Shooter alle Zutaten außer der Auster in der Moulinette zerkleinern und auf Gläser verteilen. Je eine Auster obenauf legen. Mit etwas aufgeschäumter Velouté verzieren.

Für 4 Personen

Safrangelee-Shooter
4 Austern Sylter Royal
100 ml Fischfond
10 ml Weißweinreduktion
1 Msp Safran
1 Blatt Gelatine
10 g feine Schalotten-Brunoise[1]
10 g feine Paprika-Brunoise
40 ml Fisch-Velouté
1 Dillzweig

Tomaten-Salsa-Shooter
4 Austern Sylter Royal
2 vollreife Strauchtomaten, ohne Haut in feines Concassée geschnitten
4 getrocknete Tomaten, fein gewürfelt
4 schwarze Oliven
15 g Schnittlauch, in feine Ringe geschnitten
10 ml Olivenöl
5 ml weißer Balsamico
10 g Zucker
Salz und Pfeffer aus der Mühle

Croutons
1 Scheibe Weißbrot ohne Rinde, in kleine Würfel geschnitten
50 ml Olivenöl
Salz und Pfeffer aus der Mühle

Grüner Shooter
4 Austern Sylter Royal
1 grüne Paprika
1 Bund Frühlingszwiebeln
10 g frischer Ingwer
Koriander
10 ml Olivenöl
5 g Zucker
Salz und Pfeffer aus der Mühle

1) Brunoise: sehr klein geschnittenes Gemüse

„Belegte Brote“

Crostini mit Tomatenpesto und Staudensellerie
Crostini mit roher Stopfleber, Salz, Pfeffer und Selleriegrün
Crostini mit Brandade und Olivenpaste

Für 4 Personen

Tomatenpesto-Crostino
4 Scheiben Baguette
50 ml Olivenöl
1 Zehe Knoblauch
10 getrocknete Tomaten
50 ml mildes Olivenöl
½ Knoblauchzehe
1 Stange Staudensellerie
Pfeffer

Stopfleber-Crostino
4 Scheiben Baguette
50 ml Olivenöl
1 Zehe Knoblauch
50 g Gänsestopfleber, roh
Salz und Pfeffer aus der Mühle
etwas Selleriegrün

Brandade-Crostino
Klippfisch muss 36 Stunden gewässert werden, dabei alle 12 Stunden Wasser wechseln
4 Scheiben Baguette
50 ml Olivenöl
200 g Klippfisch
200 ml Milch
1 Knoblauchzehe
1 gekochte Kartoffel
50 ml Olivenöl
1 Knoblauchzehe
schwarzer Pfeffer

Tapenade
50 g schwarze Oliven
10 g Kapern
1 Sardellenfilet
50 ml kräftiges Olivenöl

1. Für das Tomatenpesto-Crostino die Baguettescheiben in der Pfanne anbraten und mit Knoblauch abreiben. Den Rest der Zutaten bis auf den Staudensellerie hacken, mischen und aufs Brot verteilen. Zum Schluss den Sellerie in Scheiben schneiden und die Brote damit dekorieren.

2. Für das Stopfleber-Crostino die Baguettescheiben braten und mit Knoblauch abreiben. Die Gänsestopfleber hauchdünn aufschneiden, auf das Brot auflegen und mit Salz und Pfeffer würzen. Dann das Selleriegrün hacken und darüberstreuen.

3. Für das Brandade-Crostino alle Zutaten klein hacken und anschließend vermischen. Die Baguettescheiben braten und mit Knoblauch abreiben. Den Klippfisch mit Knoblauch in Milch pochieren und mit der zerdrückten Kartoffel und etwas Olivenöl vermischen. Danach auf die Brotscheiben streichen. Alle Zutaten für die Tapenade im Mixer vermischen, bis eine geschmeidige Olivenpaste ensteht. Die Crostinos mit der Tapenade verzieren.

Gefüllte Knusperhörnchen

mit Créme fraîche und Mecklenburger Störkaviar
mit Garnelentatar und Mangochutney
mit Thunfischtatar
mit Guacamole und Paprika

1. Für alle Hörnchen die quadratischen Wan-Tan-Blätter diagonal halbieren, so dass Dreiecke entstehen. Diese jeweils um eine Spritztülle aus Metall zu einer Tüte formen, mit etwas Wasser verkleben und ausbacken.

2. Den Kaviar-Cone einfach nur mit Kaviar und Crème fraîche zur Hälfte füllen.

3. Die Garnelen mit Koriander, Essig, Sojasauce, Chili und Rohrzucker marinieren. Die Mango in Würfel schneiden und beides nebeneinander in Cones füllen.

4. Den Thunfisch mit den anderen Zutaten vermischen, in Cones füllen und mit etwas Tahini garnieren.

5. Für die Guacamole das Avocadofleisch mit einer Gabel zerdrücken und mit Koriandergrün und Salz und Pfeffer würzen. Mit den Paprikawürfeln in Cones füllen und servieren.

Für 4 Personen

Kaviar-Hörnchen
2 Blätter Wan Tan
50 ml Crème fraîche
40 g Mecklenburger Störkaviar

Garnelen-Hörnchen
2 Blätter Wan Tan
2 Garnelen Black Tiger, gekocht und klein geschnitten
Koriander grün
20 ml weißer Balsamessig
20 ml Sojasauce
1 milde Chilischote
5 g Rohrzucker
50 g Mango in Würfel geschnitten

Thunfischtatar-Hörnchen
2 Blätter Wan Tan
100 g Sashimi-Thunfisch in 5 mm Würfeln
10 g weißer Sesam
5 g schwarzer Sesam
20 ml Sesamöl
40 ml Sojasauce
Frühlingszwiebel
etwas Tahini (Sesampaste)

Guacamole-Hörnchen
2 reife Avocados
etwas Koriandergrün
25 g gelbe Paprika in feinen Würfeln
25 g rote Paprika in feinen Würfeln
Salz und Pfeffer aus der Mühle

Scheiben vom Meersalz-Rinderrücken

mit Petersilienpesto und Meerrettich

Für 4 Personen
muss 24 Stunden salzen,
24 Stunden kalt räuchern,
eine Woche trocknen

500 g Rinderrücken, sauber pariert
100 g grobes Meersalz
Räucherspäne aus Buchenholz
oder Obstbaumholz

Petersilienpesto
150 g glatte Petersilie
10 g geröstete Pinienkerne
100 ml feines Olivenöl
50 g Parmigiano Reggiano
Salz und Pfeffer aus der Mühle
½ Knoblauchzehe

25 ml feines Olivenöl
50 g frischer Meerrettich

1. Den Rinderrücken über 24 Stunden mit grobem Meersalz trocken einsalzen. Dann ebenso lange in einem Räucherofen über Buchenrauch kalt räuchern. Anschließend mindestens eine Woche trocknen lassen.

2. Für das Petersilienpesto alle Zutaten im Mixer zerkleinern und miteinander vermischen.

3. Den Rinderrücken dünn aufschneiden und auf Tellern anrichten. Mit frisch geriebenem Meerrettich und der Petersiliensauce garnieren. Nach Geschmack mit Olivenöl beträufeln.

Anmerkung

Kalt räuchern: Dazu wird in einem kleinen Räuchertopf oder Räucherofen Räuchermehl, das man im Fachgeschäft auch sortenrein nach Holzarten (z.B. Buche) kaufen kann, erhitzt. Auf einem darüberliegenden Rost wird das Räuchergut bei ca. 30 °C langsam geräuchert. Wird die Temperatur auf über 60 °C erhöht, spricht man von „heiß räuchern".

Neues Zander-Sashimi

mit kaltgepresstem Erdnussöl und Shoyu

Für 4 Personen

400 g frischestes Zanderfilet
von der Müritz aus tagesfrischer
Schlachtung
200 ml kalt gepresstes Erdnussöl,
alternativ kalt gepresstes Sesamöl
(ungeröstet)
50 ml Usukuchi-Sojasauce
20 ml Petersilienöl
(frittierte Petersilie mit
Olivenöl gemixt)
50 ml Genen-Sojasauce
50 ml Olivenöl
2 EL Würfel von roter, milder Chili
2 EL Würfel von gelber Paprika

1. Das Zanderfilet schräg quer zum Faserverlauf in 3 mm dicke mundgerechte Scheiben schneiden. Sollte das Filet zu groß sein, bitte zuerst längs halbieren. Das Erdnussöl auf 150 °C erhitzen. Das Olivenöl mit der Genen-Sojasauce in einer kleinen Schüssel durch kreisförmige Bewegung der Schüssel vermischen. Nun das Fischfilet auf einer Platte mit dem Petersilienöl unregelmäßig bestreichen. Das Petersilienöl soll gut verteilt, aber die Scheiben nicht komplett bedeckt sein.

2. Den Fisch auf die Teller verteilen und mit den Chili- und Paprikawürfelchen garnieren. In die Mitte jeden Tellers etwas von der Soja-Olivenölmischung geben. Sofort servieren. Direkt vor dem Servieren ein wenig Usukuchi-Sojasauce darüberträufeln und sorgfältig jedes Stück Fisch mit Hilfe eines Löffels mit heißem Erdnussöl begießen. Die Oberfläche des Fisches sollte nicht mehr roh aussehen. Vorsicht, es spritzt!

Tataki vom Gelbflossen-Thunfisch

mit Sojabohnencoulis und Mangosalsa

1. Die Zutaten für Shichimi Togarashi in der Moulinette zerkleinern und in einer luftdichten Dose aufbewahren.

2. Die Zutaten für Sojabohnencoulis in der Moulinette zu einem dicken Püree verarbeiten. Erst kurz vor dem Servieren mit etwas Limonensaft abschmecken.

3. Den Thunfisch in ca. 4 cm dicke Riegel zerteilen, salzen und in Shichimi Togarashi wenden. In einer heißen Pfanne mit wenig Öl von allen Seiten zehn Sekunden anbraten und wieder kalt stellen.

4. Für die Salsa die Mango vorsichtig in Würfel oder Rauten schneiden. Die anderen Zutaten zugeben und nur einmal kurz vermischen.

5. Den Thunfisch mit einem scharfen Messer in 8–10 mm dicke Scheiben schneiden und mit der Mangosalsa und dem Sojabohnencoulis anrichten.

Für 4 Personen

300 g Yellowfin Thunfischfilet,
Sashimi-Qualität

Shichimi Togarashi
80 g Sesam, weiß
25 g getoastete Nori-Algenblätter,
grob zerkleinert
50 g getrocknete Mandarinenschale,
gemahlen
50 g Paprikapulver, mittelscharf
15 g Sesam, schwarz geröstet
15 g Sesam, weiß geröstet
15 g Mohnsamen, geröstet
15 g Zucker
7 g Salz

Sojabohnencoulis
130 g Sojabohnenkerne,
(Edamame) blanchiert
130 g Koriander, frisch
Olivenöl
Limonensaft
Chili, mild
Knoblauch
Salz und Pfeffer aus der Mühle

Mangosalsa
200 g gereifte Mango
30 g rote Zwiebelwürfel
Salz, Pfeffer
1 TL Chiliwürfel
1 Spritzer Essig

Salat von der Königskrabbe auf Avocadocreme

mit Tomatensalsa

Für 4 Personen

Krabbensalat
50 g gelbe Paprika
50 g rote Paprika
2 Beine einer Königskrabbe, alternativ Königskrabbenfleisch (Dose)
10 ml mildes Olivenöl
etwas Zitronensaft
Salz und Pfeffer aus der Mühle

Avocadocreme
2 reife Avocados
Salz und Pfeffer aus der Mühle
8 Stängel Koriandergrün

Tomatensalsa
2 vollreife Strauchtomaten
4 getrocknete Tomaten
1 milde Chilischote
30 g Schalotte
10 ml Olivenöl
5 ml weißer Balsamico
Salz und Pfeffer aus der Mühle

Kartoffelchips
1 Süßkartoffel
4 EL Mehl
Olivenöl zum Frittieren

1. Für den Krabbensalat die Paprika jeweils in sehr feine Würfel schneiden. Die Beine der Königskrabbe kurz in viel kochendem Salzwasser blanchieren, in kaltem Wasser abschrecken und abtropfen lassen. Danach unter Zuhilfenahme einer Küchenschere das Fleisch aus den Beinen lösen. Dabei innerhalb des Fleisches befindliche „Knochen" entfernen. Das Fleisch grob zerteilen und mit Olivenöl, Salz, Pfeffer und den Paprikawürfeln mischen und abschmecken. Anschließend kaltstellen.

2. Für die Creme nur reife Avocados verwenden und erst kurz vor dem Servieren zubereiten, so dass man auf die Zugabe von Zitronensaft verzichten kann. Das von Schale und Kern befreite Avocadofleisch nur grob mit einer Gabel zerdrücken, salzen, pfeffern und mit gehacktem Koriandergrün abschmecken.

3. Für die Tomatensalsa die frischen Tomaten mit Haut zusammen mit den getrockneten in sehr feine Würfel schneiden. Die Chilischote von den Kernen befreien und, wie die Schalotte, fein zerkleinern. Dann die Tomaten mit den restlichen Zutaten mischen, abschmecken und etwas ziehen lassen.

4. Für die Chips die Süßkartoffel roh in hauchdünne Scheiben schneiden, abtupfen, in Mehl wenden und sorgfältig abklopfen, so dass nur eine ganz dünne Schicht Mehl haften bleibt. Dann in 160 °C heißem Olivenöl knusprig ausbacken und auf Küchenpapier abtropfen, nach Geschmack salzen.

5. Zum Anrichten die Avocadomasse auf die Mitte der Teller kreisrund verteilen und den Krabbensalat daraufgeben. Das Ganze mit Tomatensalsa umgeben und die Süßkartoffelchips hineinstecken. Das Gericht eignet sich ganz besonders gut für warme Sommertage oder auch dann, wenn man sich nach diesen sehnt.

Rillettes vom Mecklenburger Ostsee-Lachs

mit Salatherzen und Essigcrisps

1. Für die Rillettes die Paprika und die Chilischote fein würfeln und die Petersilie grob hacken. Den Lachs zerpflücken und mit den anderen Zutaten mischen.

2. Für die Essigchips die Zutaten zu einem Teig verarbeiten und kleine Kleckse der Masse im Ofen backen, bis sie goldbraun werden.

3. Für das Dressing die Knoblauchzehe und die Sardelle hacken und mit den weiteren Zutaten bis auf das Öl in einer Schüssel fein zerstampfen und glatt rühren, dann zuerst tropfenweise, dann nach und nach das ganze Öl zugeben, bis eine sämige Konsistenz erreicht ist.

4. Die Rillettes mit den Chips abwechselnd schichten und daneben ein halbes Salatherz mit dem Dressing platzieren.

Für 4 Personen

Rillettes
50 g rote Paprika
50 g gelbe Paprika
1 Schote milder Chili
400 g frischer Stremellachs
70 g Crème fraîche
Salz, Pfeffer
Olivenöl
2–3 Stängel glatte Petersilie

Essigchips
75 g Mehl Type 405
7 g Butter
20 g Zucker
100 ml Champagner-Essig
Salz, Pfeffer

Caesar Dressing
½ Knoblauchzehe
1 Sardelle
2 frische Eigelb
Saft von ½ Zitrone
½ TL Senf
Salz, Pfeffer
1 Prise Zucker
30 g geriebener Parmesan
80 ml neutrales Pflanzenöl
50 ml Olivenöl

Salat
2 kleine Herzen Römersalat
50 g Rote Paprika
50 g Gelbe Paprika
50 g Schnittlauch

Salat von frischen Wildkräutern

mit pochiertem Wachtelei und Knusperbrot

Für 4 Personen

Wildkräutersalat
50 g Vogelmiere[1]
50 g Melde
50 g Ölrauke
50 g Sauerampfer
50 g Pimpinelle
50 g Scharbockskraut

Pochierte Wachteleier
12 Wachteleier
simpler Branntweinessig für Essigwasser

Knusperbrot
1 Stange Baguette vom Vortag
Kräutermischung Gremolata (Thymian, Rosmarin, Petersilie, Knoblauch, Zitronenzesten)
100 ml feines Olivenöl

Vinaigrette
100 ml Olivenöl
Saft einer Limone
60 ml Balsamico di Modena
Salz, Pfeffer

1\. Für den Salat die Wildkräuter sorgfältig sammeln und auswählen. Nicht alle sind als Salatkräuter geeignet. Pimpinelle hat harte Stiele, die Blätter müssen vom Stiel abgezupft werden. Melde nur jung verwenden, sonst wird sie sehr rau am Gaumen.

2\. Für die Wachteleier das Essigwasser mit Salz zum Kochen bringen, frische Wachteleier in eine Schüssel schlagen, und während das kochende Wasser mit einem Löffel in Rotation versetzt wird, aus der Schüssel nacheinander ins Wasser gleiten lassen. Für 1 Minute pochieren lassen und herausnehmen. Nach dem Abkühlen längs halbieren.

3\. Für das Knusperbrot das Baguette auf der Brotmaschine längs in dünne Scheiben schneiden und mit Gremolata und Olivenöl bestreichen, dann unter dem Grill toasten.

4\. Für die Vinaigrette alle Zutaten verrühren.

5\. Zum Schluss die Wildkräuter auf einem Teller anrichten, mit der Vinaigrette beträufeln und mit jeweils sechs halben Wachteleiern und einem Brotchip dekorieren.

1) Die Vogelmiere, deren Geschmack an junge Maiskolben oder Erbsen erinnert, ist ein anspruchsloses Wildkraut, das auch im Balkonkasten gezogen werden kann. Sie ist vitamin- und mineralstoffreich und eignet sich für Gemüse, Suppen, für die Kräuterbutter und im Pesto.

Variation vom Hering

Matjes mit Harenga-Kaviar
Gebratener Hering auf Kartoffelsalat
Matjestatar auf Sauerteigbrot
Hiddenseer Pfefferlappen auf Schmandsauce
„Rollmops"
Gebackener Hering

1. Die Matjes mit einem Ring rund ausstechen und mit je einer Schicht blanchierter Schalotten- und Gewürzgurkenbrunoise und Heringskaviar bedecken, aus dem Ring auf den Teller drücken.

2. Für den Salat die Kartoffeln kochen, in dünne Scheiben schneiden und mit der fein geschnittenen Schalotte in Brühe aufgekocht übergießen, salzen und pfeffern, mit Essig und Öl abschmecken. Ziehen lassen. Den Hering filetieren und die gewürzten Filets in Öl mit Knoblauch und Thymian braten, auf dem nochmals abgeschmeckten Kartoffelsalat anrichten.

3. Die Matjes in 5 mm Würfel schneiden und mit Apfel, Schnittlauch und grob gemahlenem Pfeffer vermischen. Mit zwei Löffeln Nocken formen und auf rund ausgestochenen Brotscheiben mit etwas Schmand anrichten.

4. Für die Schmandsauce die Sahne mit Crème fraîche, Schalottenwürfeln und Gewürzgurkenbrunoise vermischen, salzen und pfeffern. Ein hart gekochtes Ei trennen und separat hacken. Zum Schluss unter die Sauerrahmsauce heben. Die Rauten von Rasmus' Hiddenseer Pfefferlappen auf der Sauce anrichten.

5. Für den Rollmops die beiden Bismarckheringsfilets flach auf den Tisch legen, Hautseite nach unten. Dünn mit Körnersenf bestreichen und dünne Stifte von Salatgurke quer darauflegen. Schnittlauchhalme obenauf legen und recht eng zusammenrollen. Mit Zahnstochern fixieren. Zum Anrichten etwas reife Mango schneiden und jedes der beiden Heringsröllchen in der Mitte halbieren. Mit der Schnittfläche nach oben auf der Mango anrichten.

6. Für den gebackenen Hering die Heringe filetieren, so dass die Schwanzflosse erhalten bleibt. Innen würzen und mit etwas Farce und Gemüsewürfelchen füllen. Die Fische schließen und mit blanchiertem Bärlauch umwickeln. Aus Mehl, Stärke und Weißwein mit etwas Eis einen Tempurateig anrühren, den mehlierten, gefüllten Hering darin wenden und schwimmend ausbacken. Zum Servieren Medaillons abschneiden und mit Bärlauchpesto anrichten.

Für 4 Personen

Matjes mit Harenga-Kaviar
2 Kräuter-Matjesfilets von Henry Rasmus, 1 Schalotte, Blattpetersilie in feine Streifen geschnitten
1 Gewürzgurke, Salz und Pfeffer aus der Mühle, 160 g Harengakaviar

Gebratener Hering auf Kartoffelsalat
2 festkochende Kartoffeln
1 Schalotte, 100 ml Geflügelbrühe
Weißweinessig, kaltgepresstes Mecklenburger Rapsöl
2 frische Heringe vom Markt
Knoblauch, Thymian

Matjestatar auf Sauerteigbrot
100 g Matjesfilet, 30 g Apfelbrunoise
30 g Schnittlauch, fein geschnitten
10 g Schmand, 1 Scheibe Sauerteigbrot in Butter geröstet
Pfeffer aus der Mühle

Hiddenseer Pfefferlappen auf Schmandsauce
2 Hiddenseer Pfefferlappen[1]
40 g Sahne, 60 g Crème fraîche
1 Gewürzgurkenbrunoise
1 Schalotte, 1 Ei hart gekocht
glatte Petersilie, Salz und Pfeffer

„Rollmops"
2 Original Bismarckheringe
körniger Dijon-Senf, 1 Stück Salatgurke, Schnittlauch
etwas Mango

Gebackener Hering
2 Heringe, 1 EL Thymianblätter
Salz und Pfeffer, 30 g Fischfarce
2 El Gemüsebrunoise
4 Bärlauchblätter, 50 g Mehl
50 g Stärke, 20 ml Weißwein
100 g Bärlauchpesto

1) eine süß-scharfe Heringsspezialität mit Zwiebeln, Pfeffer und Senfsaat von Henry Rasmus aus Stralsund

Gänsevariation

Gänserillettes mit Traubenchutney
„Schwarzsauer"-Sülze
Gebratene Stopfleber mit Apfelconfit
Geräucherte Gänsebrust mit Körnersenf-Honigsauce

Für 4 Personen

Gänserillettes
2 Gänsekeulen
Meersalz, schwarzer Pfeffer
800 g Gänseschmalz
2 Sternanis, 2 Stangen Zimt ca. 10 cm lang, 3 getrocknete Chilischoten
10 Pimentkörner, 2 Kardamomkapseln, 1 El Koriandersamen
6 Nelken

Traubenchutney
50 g Rosinen, 50 ml roter Portwein
400 g blaue Trauben
1 kleine Zwiebel
75 g Zucker, 50 g gehackte Walnusskerne, 4 EL Weißweinessig
Salz und Pfeffer aus der Mühle

„Schwarzsauer"-Sülze
50 g getrocknete Birnen
50 g getrocknete Äpfel
50 g getrocknete Pflaumen
200 ml Geflügelfond
2 Zwiebeln, frischer Majoran
300 g Gänseklein
(Fleisch und gekochte Innereien)
Abrieb einer unbehandelten Orange
200 ml Gänseblut, Essig, Salz und Pfeffer aus der Mühle

Geräucherte Gänsebrust
muss über Nacht pökeln
2 Gänsebrüste
5 Wacholderbeeren, 1 Nelke
1 Lorbeerblatt, 100 g Salz
Salz und Pfeffer aus der Mühle
Räuchermehl, grober Senf
etwas Ahornsirup

Apfelconfit
100 g Zucker, 1/8 l Apfelsaft
1 Zimtstange, etwas Curcuma
2 Sternanis, 1 EL Stärke
2 säuerliche Äpfel
4 Scheiben Gänsestopfleber

1. Gänsekeulen salzen und eine Stunde ziehen lassen. Mit Gewürzen und Schmalz bedeckt erhitzen und bei niedriger Hitze ca. 3 Stunden garen, bis sich das Fleisch leicht vom Knochen löst. Danach die Keulen aus dem Fett nehmen, das Fett durch ein Sieb passieren und aufbewahren. Fleisch etwas abkühlen lassen und sauber von den Knochen, der Haut und den Gewürzen trennen und würfeln, anschließend mit etwas Schmalz vermischen und mit Salz und Pfeffer abschmecken.

2. Für das Chutney Rosinen in Portwein einweichen und Trauben häuten. Die Zwiebel fein würfeln und anschwitzen, mit Zucker karamellisieren und die abgezogenen Trauben ohne Kerne dazugeben, 1 Minute kochen lassen. Die Rosinen und Walnusskerne zugeben und mit Essig, Salz und Pfeffer abschmecken.

3. Für das Schwarzsauer die Trockenfrüchte in etwas Fond einweichen. Zwiebeln schneiden und in Butter bräunen. Gänsereste, Orangenschale und Trockenfrüchte dazugeben und mit dem Fond bindend einkochen, mit Essig und Majoran abschmecken und zum Schluss das Gänseblut unterrühren. In eine Form füllen und bei 90 °C eine Stunde garen, abkühlen lassen. Dazu passt eine Remoulade aus frischen Kräutern.

4. Für die Gänsebrust eine Pökellake aus den Gewürzen und 100 g Salz mit 1 Liter Wasser herstellen und die Gänsebrüste darin über Nacht einpökeln. Am nächsten Tag herausnehmen, etwas trocknen lassen und im Kombidämpfer oder Räucherofen bei ca. 110 °C zwei Stunden heiß räuchern. Auskühlen lassen und dünn aufschneiden. Die geräucherte Brust mit grobem Senf mit etwas Ahornsirup verdünnt servieren.

5. Für das Apfelconfit den Zucker mit den Gewürzen in Apfelsaft aufkochen und mit Stärke leicht abbinden. Dahinein die Äpfelwürfel geben und gar ziehen lassen. Abkühlen lassen und mit gebratener Gänsestopfleber servieren.

6. Die verschiedenen Komponenten der Variation mit ihren jeweiligen Partnern um ein Salatbouquet herum anrichten.

Warme Vorspeisen

Gebratene Jakobsmuscheln in Lardo di Collonata
Suppen in Espressogröße
Lasagne von heiß geräuchertem Demminer Stör
Rotes Thaicurry mit Entenbrust und Pilzen

Gebratene Jakobsmuscheln in Lardo di Colonnata

mit Balsamicolinsen und Selleriepüree

Für 4 Personen

Balsamicolinsen
40 g umbrische Berglinsen
40 g rote Linsen
40 g schwarze Linsen
2 Schalotten
2 EL Olivenöl
1 Thymianzweig
1 Knoblauchzehe
50 ml Geflügelfond
50 ml alter Balsamico
70 g gemischte Gemüsewürfel
20 g Butter

Selleriepüree
1 Knollen-Sellerie
50 g Butter
Salz und Pfeffer aus der Mühle

Jakobsmuscheln in Lardo
8 Jakobsmuscheln
150 g Lardo di Colonnata[1]

1) weißer gewürzter Rückenspeck

1. Für die Balsamicolinsen die Linsen in kaltem Wasser mindestens 2 Stunden quellen lassen. Nun die Schalotten fein würfeln und in Olivenöl anschwitzen, den Thymian und die Knoblauchzehe zufügen und mit dem Geflügelfond ablöschen. Die Linsen zugeben und leicht bissfest garen, dabei den sich bildenden Schaum abschöpfen. Zum Ende der Garzeit sollte die Brühe fast wegreduziert sein und die Linsen gerade so noch bedecken. Dann die Gemüsewürfelchen zugeben und das Ganze mit Balsamico, Salz und Pfeffer abschmecken. Etwas kalte Butter einschwenken.

2. Für das Püree die Sellerieknolle in Alufolie wickeln und im 160 °C heißen Backofen ca. 2–3 Stunden garen. Die Knolle halbieren, das weiße Innere herauslöffeln und mit etwas Butter und Salz im Mixer pürieren.

3. Die Jakobsmuscheln mit hauchdünnen Scheiben von Lardo einwickeln, nicht salzen und in der heißen Pfanne ohne zusätzliches Fett von beiden Seiten scharf anbraten.

4. Zum Anrichten die Linsen und das Selleriepüree erwärmen und die gebratenen Jakobsmuscheln daraufgeben. Mit etwas Balsamicofond und frischen Kräutern verzieren.

Suppen in Espressogröße

Hummerbisque mit gebackener Riesengarnele
Bärlauchschaum mit Wildroulade
Misosuppe mit Tofu
Muskatkürbis-Cappuccino

1. Für die Hummerbisque die Karkassen in einem Handtuch oder festen Plastiktüte zerkleinern. Diese Karkassen in Butter anschwitzen, das Suppengemüse dazugeben und mitschwitzen. Dann mit dem Weinbrand ablöschen, Tomaten zugeben und mit Brühe und Noilly Prat auffüllen. Die Gewürze zugeben, ca. 30 Minuten köcheln lassen und dabei abschäumen. Durch ein Tuch oder feines Sieb passieren und etwas einreduzieren, mit Crème fraîche abrunden, abschmecken und aufmixen. Die Garnelen panieren, ausbacken oder braten und als Einlage in die Suppe geben, eventuell mit etwas Schlagsahne garnieren.

2. Für die Bärlauchschaumsuppe die Schalotten würfeln und in Olivenöl anschwitzen, den Thymian zugeben, mit dem Portwein und der Brühe ablöschen und 10 Minuten kochen, die Sahne zugeben, aufkochen. Den Bärlauch und Spinat in einen Mixer geben und mit der kochenden Grundsuppe übergießen. Auf hoher Drehzahl fein pürieren und passieren. Als Einlage das Rehfleisch mit der Faser in vier lange Streifen schneiden, einseitig mit etwas Farce bestreichen und zu Schnecken aufrollen, aufspießen und braten.

3. Für die Misosuppe etwa 1/2 Liter Wasser mit den Kombu-Algen fast zum Kochen bringen und etwas ziehen lassen. Dazu die Bonitoflocken geben und weitere 5 Minuten ziehen lassen, dann abpassieren. Der entstehende Fond heißt Dashi ichiban. Die abpassierten Algen und Fischflocken können ein zweites Mal verwendet werden, ergeben dann aber einen schwächeren Fond. Den Fond mit der Misopaste verrühren und mit der salzarmen Sojasauce abschmecken, darin die Pilze garen und kurz vor dem Servieren Tofu, Lotus und Frühlingszwiebel als Einlage hineingeben.

4. Für das Muskatkürbis-Cappuccino den Kürbis halbiert und entkernt bei 120–140 °C trocknen, bis das meiste Wasser entzogen ist und die Oberfläche karamellisiert. Die obere Schicht entfernen und das Fleisch aus dem Inneren herauskratzen. Die Zwiebel würfeln, anschwitzen, das Kürbisfleisch zugeben, mit Sherry und Fond ablöschen, den Knoblauch und den Thymian zugeben, 10 Minuten kochen lassen, pürieren und passieren. Die Sahne einrühren und abschmecken, mit Butter aufschäumen, mit knusprig gerösteten Pancettascheiben garnieren.

Hummerbisque
500 g Krustentierkarkassen (Kaisergranat oder Hummer)
50 g Butter, 50 g Sellerie
50 g Zwiebel, 50 g Lauch
50 g Karotte, 4 cl Weinbrand
200 ml Geflügelfond, 150 g Tomatenwürfel oder geschälte Tomaten aus der Dose, 25 ml Noilly Prat
Thymian, Knoblauch, Lorbeer, Wacholder
2 EL Crème fraîche, 20 g Butter
4 Garnelen, 1 Ei, 50 g Semmelbrösel

Bärlauchschaum
3 Schalotten, 2 EL Olivenöl
1 Thymianzweig, 25 ml weißer Portwein, 200 ml Geflügelbrühe
1 TL Gemüsewürfel, 100 ml Sahne
3 Bund ganz junger, milder Bärlauch, 100 g junger Spinat
Salz und Pfeffer aus der Mühle
100 g Rehrücken, 50 g Wildfarce
3 Bärlauchblätter als Deko

Misosuppe
20 g Kombu-Algen
20 g Katsuobushi[1]
4 TL gelbe Miso-Paste, 2 EL Genen-Sojasauce, 8 Shii-Take-Pilze
100 g Silken-Tofu, 1 Lotuswurzel oder junge Lotus-Stengel
1 Frühlingszwiebel

Muskatkürbis-Cappuccino
500 g Muskatkürbis oder Hokkaido
1 Zwiebel, 2 EL Olivenöl
300 ml Geflügelfond, 25 ml Sherry fino, 1 Knoblauchzehe, 1 Thymianzweig, 100 ml Sahne, 30 g Butter
Salz und Pfeffer aus der Mühle, Muskatnuss
4 Scheiben geröstetes Pancetta[2]

1) fein gehobelter geräucherter und luftgetrockneter Bonito

2) italienischer Bauchspeck

CAVIAR
CREATOR
OSIETRA
CAVIAR
MALOSSOL
Produkt aus Aquakultur
Inhalt: Störrogen, Salz
Nach dem Öffnen innerhalb
weniger Tage verbrauchen
e 50g

Lasagne von heiß geräuchertem Demminer Stör

mit Tomatenfondue, jungem Blattspinat und Mecklenburger Kaviar

Für 4 Personen

150 g Pastateig
500 g Bio-Störfilet aus Mecklenburg-Vorpommern, heiß geräuchert
100 ml Sauce Vin blanc
100 g Bio-Stör-Kaviar aus lokaler Zucht

Tomatenfondue
15 gelbe Kirschtomaten
15 rote Kirschtomaten
2 Schalotten
1 Knoblauchzehe
1 Bund Lauchzwiebeln
50 ml Noilly Prat
feines Meersalz
Pfeffer aus der Mühle

Blattspinat
500 g junger Blattspinat
30 g Butter
Pfeffer, Salz, Muskatnuss

1. Den Nudelteig ausrollen und Kreise ausstechen, diese anschließend in Salzwasser blanchieren, buttern und warm stellen. Den geräucherten Stör mit dem Lachsmesser in 2 mm dicke Scheiben schneiden und warm stellen. Vor dem Servieren die Weißweinsauce aufkochen und mit Kaviar abschmecken.

2. Für das Tomatenfondue die Kirschtomaten häuten und quer halbieren, mit der fein gewürfelten Schalotte in Olivenöl andünsten, salzen und pfeffern und fein gehackten Knoblauch und die in feine Ringe geschnittenen Frühlingszwiebeln hinzufügen. Mit Noilly Prat parfümieren und noch etwas einkochen, warm stellen.

3. Den Blattspinat gut waschen, putzen und kurz in kochendem Salzwasser blanchieren, in Eiswasser abschrecken und gut abtropfen lassen. In Butter schwenken und mit Salz, Pfeffer und Muskatnuss würzen.

4. Die Lasagne in folgenden Schritten zusammensetzen: Zuerst eine Nudelplatte auf den Teller legen, darauf etwas Blattspinat, dann Tomatenfondue und darauf Scheiben vom Stör. Das Ganze dreimal wiederholen und zum Servieren mit der Kaviarsauce umgießen.

Rotes Thaicurry mit Entenbrust und Pilzen

mit Auberginen und weißen Rüben

1. Die Entenbrust auf der Hautseite mit einem sehr scharfen Messer rautenförmig einritzen, mit Salz und gemahlenem Koriander würzen und auf der Hautseite anbraten. Dann wenden und nach einer Minute im Backofen bei Oberhitze für weitere 5 Minuten bei 200 °C fertig garen. Nun aus dem Ofen nehmen und warm stellen.

2. Das beim Braten ausgetretene Entenfett in einem flachen Topf erhitzen und die Currypaste mit dem Palmzucker darin anbraten. Mit Kokosmilch ablöschen und die Gemüse, Pilze, Zitronengras, Bergamotteblätter, Chilis und Galgantscheiben zugeben. Das Ganze mit Thai-Fischsauce oder Salz würzen und nur ca. 3 Minuten kochen lassen.

3. Nun die rosa Entenbrust in Scheiben schneiden und mit dem Curry anrichten. Die Oberfläche mit Frühlingszwiebellocken und Koriandergrün verzieren.

Für 4 Personen

2 Barbarie-Entenbrüste
Salz
gemahlener Koriander
1 EL rote Currypaste
50 g Palmzucker[1]
500 ml Kokosmilch
1 violette Aubergine oder
8 Thai-Auberginen gelb/grün in
2 cm Würfeln
8 Navetten, geputzt und halbiert
16 Austernpilze, in Streifen gerissen
4 Zitronengrasstängel
8 Bergamotteblätter
2 milde rote Chilis
60 g Galgantwurzel, in dünnen
Scheiben
etwas Thai-Fischsauce
Koriandergrün
1 Frühlingszwiebel

1) Palmzucker hat eine cremige Süße und ist in Asia-Shops erhältlich

Suppen

Rustikale Ostsee-Fischsuppe
Mecklenburger Aalsuppe mit Rindfleischbrühe
Wildconsommé à la Chinois mit Dim Sum
Mandel-Knoblauchsüppchen mit Garnelen

Rustikale Ostsee-Fischsuppe

mit Flunder, Steinbutt, Hering, Meerforelle und Meeräsche

1. Die Fischkarkassen von Kiemen, Blut und Schleim befreien, gut wässern und schließlich etwas klein hacken. Die Krustentierschalen und Fischkarkassen in Olivenöl anschwitzen und mit Curry bestäuben, weiter schwitzen und in Würfel geschnittenes Gemüse zugeben. Mit den Tomaten ablöschen, den Weißwein, Noilly Prat und den Fond zugeben und aufkochen. Etwa 20 Minuten ziehen lassen und dann durch ein grobes Sieb oder die „Flotte Lotte" passieren. Dabei sollen ein Teil des Gemüses und die Fischeiweißreste von den Karkassen mit durchs Sieb gehen. Das gibt der Suppe ihren deftigen und kräftigen Charakter.

2. Nun die Fischfilets würzen, in Olivenöl anbraten und auf Teller verteilen. Mit der Suppe angießen, etwas dünn geschnittenen frischen Fenchel in die Mitte geben, die Gemüsewürfelchen kurz anschwitzen und frittierte Kräuter darauf verteilen. Dazu servieren wir eine längs geschnittene Baguettescheibe, die mit Kräuteröl bestrichen und getoastet wurde.

1 kg Fischkarkassen
500 g Krustentierkarkassen
3 EL Olivenöl
3 EL Currypulver, indisch
1 Fenchelknolle
1 Stange Lauch
2 Stangen Sellerie
1 Zwiebel
400 g Tomatenwürfel oder geschälte Tomaten aus der Dose
200 ml Weißwein
100 ml Noilly Prat
1 l Fischfond
600 g Fischfilets (Flunder, Steinbutt, Hering, Meerforelle, Meeräsche, evtl. Garnele)
Salz und Pfeffer aus der Mühle
frittierte Kräuter
200 g feine Gemüsewürfel
etwas Butter
100 g dünn geschnittener roher Fenchel

frisches Baguette
Kräuteröl

Mecklenburger Aalsuppe mit Rindfleischbrühe

mit Kartoffeln, Äpfeln und Backpflaumen

Für 4 Personen

400 g Räucher-Aal
2 Zwiebeln
2 Karotten
1 Stange Lauch
½ Sellerieknolle
1 Lorbeerblatt
8 Pfefferkörner
1 l Tafelspitzfond
250 ml Weißwein
100 g Tafelspitzwürfel
8 Backpflaumen
1 Apfel, gewürfelt
1 Kartoffel, gewürfelt
Dill
Petersilie
Salz und Pfeffer aus der Mühle

1. Aal filetieren, das Filet in Rauten schneiden und die Gräte, Haut und Abschnitte aufbewahren. Die Zwiebeln fein würfeln und anschwitzen, die Aalabschnitte dazugeben, Gewürze und Gemüse ebenfalls mitschwitzen und mit der Brühe und etwas Weißwein ablöschen. Für 20 Minuten köcheln lassen und passieren.

2. Nun die Tafelspitzwürfel, Backpflaumen, Apfel- und Kartoffelwürfel zugeben und langsam kochen, bis die Kartoffeln gar sind, und beginnen die Suppe nur ganz leicht sämig werden zu lassen. Dann sofort anrichten.

3. Die Suppe sofort nach der Zubereitung mit dem Aal als Garnitur servieren. Frische Kräuter obenauf geben und ein gebuttertes Schwarzbrot dazureichen.

Wildconsommé à la Chinois mit Dim Sum

mit Wantan, Satay, Sui Mai, Roulade

1. Für die Wildbrühe die Wildknochen fein hacken oder sägen lassen. Im Olivenöl zuerst die Knochen und dann das Tomatenmark dunkel anrösten und mit Rotwein ablöschen. Dann Gemüse und Gewürze zugeben, mit den Alkoholika und Wasser auffüllen, dass die Knochen gerade so bedeckt sind und langsam köcheln lassen. Dabei immer sorgfältig den Schaum abnehmen. Die Brühe sollte so ca. 3 Stunden langsam köcheln und kann dann durch ein feines Sieb passiert werden. Die Brühe auskühlen lassen.

2. Nun für den Kläransatz das Fleisch mit dem Gemüse und den Pilzen durch die große Scheibe des Fleischwolfes drehen und mit dem Eiklar vermischen. Die Masse unter die kalte Brühe rühren und zum Kochen bringen. Knapp unter dem Siedepunkt die Hitze reduzieren und langsam köcheln lassen, bis der Klärkuchen aufsteigt. Die Suppe mindestens 1 Stunde am Herdrand stehen lassen und nie richtig stark kochen lassen. Alles vorsichtig mit einer Kelle durch ein Tuch passieren.

3. Für die Einlage vier der Wan-Tan-Blätter rund ausstechen und mit Wildfarce und Pilzen füllen. Vier weitere Wan-Tan-Blätter ebenfalls mit Wildfarce und gehackten Trockenfrüchten füllen und verschließen. Kalt stellen. Den Rehrücken in feine Scheiben schneiden und plattieren, die dünnen Scheibchen auf Spieße fädeln und würzen. Kalt stellen.

4. Die fertige Consommé mit Salz und Shao-Xing-Wein abschmecken, die Fleischeinlage zum Garen hineingeben und mit der Gemüseeinlage ergänzt servieren.

Für 4 Personen

Wildbrühe
muss drei Stunden köcheln
2,5 kg Wildknochen
3 EL Olivenöl
20 g Tomatenmark
1 TL Piment
2 Karotten
½ Sellerieknolle
1 Zwiebel
3 Knoblauchzehen
4 Wacholderbeeren
1 Lorbeerblatt
Rosmarin, Thymian, Petersilienstiele
50 ml Gin
20 ml Cognac
500 ml Rotwein

Kläransatz
½ kg Rehstelze
200 g Röstgemüse
25 g Steinpilze
25 g Herbsttrompeten
20 g Champignons
3 Eiklar

Einlage
8 Blätter Wan-Tan-Teig
200 g Wildfarce
4 Shii-Take-Pilze
1 EL Trockenfrüchte, fein gehackt
eingelegte Lotuswurzel
100 g Rehrücken

100 ml Shao-Xing-Wein
Gemüsewürfel

Mandel-Knoblauchsüppchen mit Garnelen

und gefüllten gebackenen Oliven

Für 4 Personen

200 g Mandeln
400 ml Geflügelbrühe
3 Schalotten
etwas Butter
1 Thymianzweig
3 Knoblauchzehen
25 ml Sherry Manzanilla
Salz und Pfeffer aus der Mühle
80 ml ganz mildes Olivenöl

Oliven und Garnelen als Einlage
16 große grüne Oliven
1 Tomate
1 EL Gremolata (Zitronenschale, Rosmarin, Thymian, Petersilie, Knoblauch)
1 Scheibe Weißbrot
1 Ei
4 EL Semmelbrösel
2 EL Oliveböl
16 Garnelen
Knoblauchzehe und Peperoncini zum Braten

1. Die Mandelkerne – wenn erhältlich, junge, grüne Mandeln verwenden – in der Brühe 30 Minuten kochen. Die Schalotten anschwitzen und dazugeben, mit Thymian und dem Knoblauch 10 Minuten weiterkochen, den Thymian herausnehmen, den Sherry zufügen und das Ganze pürieren. Anschließend mit Salz und Pfeffer abschmecken und mit dem Olivenöl emulgieren.

2. Die Oliven entkernen und mit einer Mischung aus Tomate, Gremolata und Weißbrot mit etwas Ei füllen und mit den Semmelbröseln panieren, auf Spieße stecken und ausbacken. Die Garnelen in Olivenöl mit Knoblauch und Peperoncini anbraten und mit den Olivenspießchen als Einlage in die Suppe geben. Die Suppe lässt sich je nach Jahreszeit und Situation kalt oder heiß servieren.

Fisch

Wolfsbarsch im Zucchinimantel
Gebratenes Meeräschenfilet
Zanderfilet aus der Müritz
Im Ganzen gefüllter Ostsee-Steinbutt
Ostsee-Steinbutt asiatisch gedämpft
Grünes Thaicurry mit Steinbutt
In Chicoree pochierter Ostsee-Dorsch

Wolfsbarsch im Zucchinimantel

auf Kirschtomatenragout mit Balsamicoschaum

Für 4 Personen

Gebratenes Wolfsbarschfilet
1 grüne Zucchini
1 gelbe Zucchini
150 g Fischfarce
600 g Wolfsbarschfilet ohne Haut
etwas Olivenöl

Tomatenragout
15 gelbe Kirschtomaten
15 rote Kirschtomaten
2 Schalotten
etwas Olivenöl
feines Meersalz
Pfeffer aus der Mühle
1 Knoblauchzehe
1 Bund Frühlingszwiebeln

Fischsauce
120 ml Fischvelouté
50 ml Balsamico
etwas Butter zum Aufmontieren

1. Die grüne und die gelbe Zucchini längs in dünne Scheiben schneiden und ganz kurz in Salzwasser blanchieren, trocken legen und abwechselnd eine grüne und eine gelbe Scheibe überlappend auf einem Tuch aufreihen. Auf diese Unterlage die Farce streichen und das Fischfilet gewürzt darauf in die Mitte legen. Die Enden der Zucchinischeiben über dem Fischfilet zusammenschlagen, das Ganze fest in Folie einschlagen und kalt stellen.

2. Nach dem Auskühlen die Fischroulade mit einem scharfen Messer schräg in vier gleiche Teile schneiden und diese in Olivenöl anbraten. Dabei die Oberseite zuerst nach unten drehen, bis die Zucchini etwas Farbe nehmen, dann wenden und im Ofen bei 160 °C ca. drei Minuten fertig garen.

3. Die Kirschtomaten abziehen und quer halbieren. Mit den fein gewürfelten Schalotten in Olivenöl andünsten. Salzen und pfeffern und den fein gehackten Knoblauch und die in feine Ringe geschnittenen Frühlingszwiebeln hinzufügen. Warm stellen.

4. Die Fischvelouté aufkochen, mit Balsamico abrunden und kalte Butter einmixen.

5. Zum Anrichten das Tomatenfondue in tiefe Teller geben und den gebratenen Fisch daraufsetzen. Mit ein wenig aufgeschäumter Sauce servieren.

Gebratenes Meeräschenfilet

auf Mailänder Risotto mit Ochsenmark und Safran

Für 4 Personen

Risotto
25 g Schalotten
1 Knoblauchzehe
1 Thymianzweig
15 ml Olivenöl
80 g Risottoreis Vialone nano
15 ml Weißwein
250 ml Geflügelfond
1 Lorbeerblatt
1 Msp Safran
50 g Parmigiano Reggiano
80 g Ochsenmark, in 5-mm-Würfeln
30 ml geschlagene Sahne
½ Zitrone
Pfeffer aus der Mühle

Gebratene Meeräsche
600 g Meeräschenfilet
20 g Butter
12 Ochsenmarkscheiben, blanchiert

2 Petersilienzweige, frittiert

1. Die Schalotten in feinen Würfeln mit der Knoblauchzehe und dem Thymianzweig in Olivenöl anschwenken. Die rohen Reiskörner mit anschwitzen und salzen. Mit Weißwein ablöschen und Brühe aufgießen, das Lorbeerblatt und den Safran zugeben. Etwa 10 Minuten köcheln lassen und dabei schwenken um ein Ansetzen zu verhindern. Nach Bedarf nach und nach mehr Brühe zufügen. Am Ende der Garzeit geriebenen Parmesan, Ochsenmarkwürfel und eventuell einen Klecks Schlagsahne unterheben, mit Zitrone nach Geschmack und etwas Pfeffer abschmecken und auf die Teller verteilen. Die Konsistenz des Reises muss cremig, nicht knackig, aber noch mit intaktem Korn sein. Insgesamt relativ flüssig, denn das Risotto zieht auf dem Teller sehr schnell wieder an und wird fester.

2. Die Meeräschenfilets würzen und in der Butter anbraten, zum Schluss die Markscheiben mitbraten.

3. Den gebratenen Fisch auf das Risotto geben, die frittierte Petersilie und die Ochsenmarkscheiben runden das Ganze ab.

Tipp

Wenn man Risotto auf Vorrat kochen möchte, den halb garen Reis auf ein Blech gießen um ihn schnell abzukühlen. So lässt er sich bis zu zwei Tage aufbewahren und man hat dann, wenn man ihn fertig stellen möchte, eine kürzere Kochzeit.

Zanderfilet aus der Müritz

mit Speck, Steckrübengemüse und brauner Buttersauce

Für 4 Personen

Kalbsjus
50 ml Kalbsjus
Zitronensaft
120 g Butter
(davon 100 g Nussbutter)

Steckrübengemüse
400 g Steckrüben
etwas Butter
10 g Rapsblüten-Honig
100 ml Geflügelbrühe

Zanderfilet
600 g Zanderfilet
Salz und Pfeffer aus der Mühle
100 g Pancetta, in dünne Scheiben und diese in Rauten geschnitten

1. Zuerst die Kalbsjus mit Zitronensaft und brauner Butter erhitzen und aufmixen.

2. Die Steckrübe großzügig schälen und in Würfel schneiden. Dann in Butter anschwenken und mit dem Honig und wenig Geflügelfond bissfest dünsten.

3. Den Fisch nun würzen und in einer recht heißen Pfanne auf der Hautseite anbraten. Fisch erst zum Ende der Garzeit kurz wenden, damit die Haut schön kross wird. Dann im Pfannenfond den Pancetta kross braten.

4. Zuerst die Steckrübe auf dem Teller platzieren, dann obenauf den Fisch und rundherum den Speck und etwas braune Buttersauce geben. Als Garnitur eignet sich gut eine längs geschnittene Schwarzwurzelscheibe, die spiralförmig um einen Schaschlikspieß gewickelt und ausgebacken wurde.

Im Ganzen gefüllter Ostsee-Steinbutt

klassisch gefüllt mit Spinat, Pilzen und Croûtons

Für 6–8 Personen

1 Steinbutt 2–3 kg

Füllung für den Fisch
5 Scheiben Weißbrot
1 kg frischer Blattspinat
Salz, Pfeffer
100 g Austernseitlinge
100 g Pfifferlinge
100 g Steinpilze
100 g Shii-Take
2 Schalotten
50 g Karottenwürfel
50 g Selleriewürfel
50 g Lauchwürfel
10 ml Olivenöl
1 Knoblauchzehe
250 g Fischfarce

Pergamentpapier
3 Thymianzweige

1. Steinbutt vorbereiten: Den Fisch von der weißen Seite entlang der Mittelgräte einschneiden und „hohl" auslösen. Die äußere Form des Fisches soll intakt bleiben, damit er – fertig gefüllt – wieder wie ein ganzer Fisch aussieht, aber keine störenden Gräten mehr enthält und am Tisch leicht tranchiert werden kann.

2. Für die Füllung die Brotscheiben entrinden, in Würfel schneiden und daraus Croutons herstellen. Den Spinat anschwenken, würzen und abtropfen lassen, die Pilze anbraten, würzen und abkühlen lassen. Die Gemüsewürfel blanchieren und abtropfen lassen und alles miteinander mischen. Diese Einlage aus Gemüse, Pilzen und Brot wird nun mit der Fischfarce vermischt, wobei gerade so viel Farce verwendet werden soll, wie benötigt wird um, die Einlage zu binden.

3. Den Fisch innen mit Salz und Pfeffer ausreiben und die Füllung hineingeben. Den so fertig gefüllten Fisch auf Pergamentpapier anbraten. Die dunkle Oberseite zuerst und dann durch Anheben des Papiers wenden. Dabei Knoblauchzehen und Thymianzweige mitbraten, um den Fisch damit zu aromatisieren. Hierbei entsteht ein wunderbarer Duft. Nun den Fisch ca. 10 bis 15 Minuten im Backofen fertig garen und dann vor dem Anschneiden noch 5 Minuten ruhen lassen. Um den Garpunkt zu kontrollieren, sticht man eine Rouladennadel in die Mitte und überprüft die Temperatur. Die Nadel muss sich nach dem Herausziehen warm anfühlen.

Ostsee-Steinbutt asiatisch gedämpft

mit fermentierten Sojabohnen und gegrillter Wassermelone

1. Die Sojabohnen mit etwas Reiswein einweichen. Dann die eingeweichten Bohnen mit der Sojasauce, fein geriebener Orangenschale, Knoblauch und Stärke zu einer Marinade verrühren.

2. Den Fisch und die Melone in gleich große Quadrate schneiden. Die Wassermelone grillen oder anbraten und den Fisch durch die Marinade ziehen und glasig dämpfen. Die auf dem Dämpfteller entstehende Jus ist die Sauce für das Gericht.

3. Zum Anrichten die Melone mit dem Fisch dachziegelartig schichten und mit der Jus umgießen, mit Koriandergrün dekoriert servieren.

Für 4 Personen

Sojabohnen
60 g getrocknete fermentierte Sojabohnen
80 ml Reiswein
30 ml Sojasauce
Schale von ½ Orange
½ Knoblauchzehe
10 g Stärke
Salz und Pfeffer aus der Mühle

Gedämpfter Steinbutt
600 g Steinbuttfilet
1 Wassermelone
Koriandergrün

Grünes Thaicurry mit Steinbutt

mit Auberginen und Möhren

Für 4 Personen

2 EL kalt gepresstes Erdnussöl
1 EL grüne Thai-Currypaste
200 ml Fischfond
1 Aubergine, violett oder
8 Thai Auberginen, weiß/grün
20 Mini-Möhren
50 g Palmzucker[1]
80 g Galgantwurzel
2 Stängel Zitronengras
8 Kaffir-Limonenblätter
500 ml frische Kokosmilch, alternativ aus der Dose
Thai-Fischsauce
2–4 milde grüne Chilis (nach Geschmack)
400 g Steinbuttfilet in 4-cm-Würfeln

Koriandergrün
2 Tomaten, entkernt und in Streifen geschnitten
Thai-Duftreis oder Baguette

1) Palmzucker hat eine cremige Süße und ist in Asia-Shops erhältlich

1. In einem flachen Topf das Erdnussöl erhitzen, die Currypaste darin anbraten und mit dem Fischfond ablöschen. Das geputzte oder in Würfel geschnittene Gemüse, den Palmzucker, dünne Scheiben von der Galgantwurzel, Zitronengras und Limonenblätter sowie die Kokosmilch hinzufügen und zum Kochen bringen. Nur ca. 5 Minuten kochen lassen und dann mit reichlich Thai-Fischsauce und eventuell in Scheiben geschnittenen Chilis abschmecken. Zuletzt noch den Fisch hinzufügen, kurz gar ziehen lassen.

2. Das Curry in Schalen anrichten, mit Tomatenstreifen und frischem Koriandergrün dekorieren. Ich empfehle dazu gedämpften Thai-Duftreis oder Baguette.

In Chicoree pochierter Ostsee-Dorsch

mit Eierbutter und Kresse

Für 4 Personen

Fischroulade
2 Chicoreestauden
30 g Zucker
40 ml Orangensaft
Salz, Pfeffer
600 g Ostsee-Dorschfilet
100 g Fischfarce

Buttersauce
100 ml Fischfond
100 ml Weißwein
etwas Stärke
250 g ungesalzene Rohmilchbutter
2 Strauchtomaten (gehäutet, entkernt und in Würfel geschnitten)
6 Freilandeier
(Dotter wachsweich gekocht)
1 Bund Schnittlauch
1 Bund Kresse
Estragon
Kerbel
3 Thymianzweige
2 Knoblauchzehen
Salz und Pfeffer aus der Mühle

1. Den Chicoree waschen und in einzelne Blätter zerteilen. Mit dem Zucker, Orangensaft, Salz und Pfeffer in einer Pfanne mit Deckel 5 Minuten gar dünsten, um zu verhindern, dass die Blätter braun oxidieren. Die gegarten Blätter auf einem Tuch in zwei Reihen nebeneinanderlegen, so dass die Spitzen sich wie bei einem Reißverschluss treffen und leicht überlappen. Mit einem zweiten Tuch abdecken und fest andrücken, um die Oberfläche zu trocknen. Oberes Tuch wieder entfernen. Die entstandene Fläche mit Farce bestreichen und die Fischfilets so darauflegen, dass man durch Aufrollen mit dem unteren Tuch eine Roulade mit dem Fischfilet im Kern bildet. Diese Roulade fest einwickeln und kalt stellen. Nach etwa einer Stunde die Fischroulade in vier gleiche Stücke schneiden und die Stücke in einer Pfanne mit etwas Butter sanft anbraten. Der Chicoree soll kaum Farbe nehmen. Im Ofen 3 Minuten bei 170 °C fertig garen.

2. Für die Buttersauce den Fischfond mit dem Weißwein etwas reduzieren und leicht mit Stärke abbinden. Die Butter zerlassen. Nun in einem separaten Topf Tomaten, gehacktes Ei, die fein geschnittenen Kräuter und den gehackten Knoblauch mischen und die Butter dazugeben, mit Salz und Pfeffer kräftig abschmecken und zum Schluss den gebundenen Fond dazugeben. Jetzt nur noch vorsichtig vermischen und nicht mehr rühren.

3. Die Buttermischung auf Teller verteilen und den Fisch darauf anrichten, mit frisch gezupften Kerbelblättern garnieren.

Fleisch

Dodine vom Mecklenburger Reh
Cassoulet vom Mecklenburger Weidelamm
Das Beste vom Stubenküken
„Birnen, Bohnen und Speck"
Variation vom Mecklenburger Weiderind

Dodine vom Mecklenburger Reh

mit gebratenen Waldpilzen

1. Das Sauerteigbrot von unten auf der Brotschneidemaschine in möglichst große und dünne Scheiben schneiden. Diese Scheiben nebeneinander auf der Arbeitsfläche auslegen, dabei gerade Kanten schneiden, so dass sich eine durchgehende Fläche in der Länge des Rehrückens ergibt. Auf die Brotfläche eine pikant abgeschmeckte Wildfarce etwa 3 mm dick aufstreichen. Darauf den gewürzten Rehrückenstrang legen und fest einrollen. Die Rolle kalt stellen und später dann in pfannengerechte Stücke zerteilen, die schon vorab von allen Seiten kross angebraten werden können.

2. Die geputzten Pilze in Olivenöl anbraten, mit Schalottenwürfeln und gehackter Petersilie vermischen und mit Salz und Pfeffer abschmecken.

3. Zum Fertigstellen das angebratene Fleisch für ca. 8 Minuten bei 180 °C im Backofen trocken fertig garen. Alles mit etwas Wildjus und ein paar Tropfen Weißweinsauce anrichten.

Für 4 Personen

Dodine vom Reh
1 Laib Sauerteigbrot vom Vortag
200 g Wildfarce
600 g Rehrückenstrang, ausgelöst und sauber pariert
Salz
Wildgewürz

Gebratene Waldpilze
100 g Steinpilze
100 g Pfifferlinge
100 g Austernseitlinge
Salz und Pfeffer
1 Schalotte
1 EL gehackte Petersilie
30 ml Olivenöl

100 ml Wildjus
100 ml Weißweinsauce

Cassoulet vom Mecklenburger Weidelamm

mit gebratenem Rücken in Schafskäsekruste

Für 4 Personen

Lammrücken
480 g Lammrücken, pariert und die Knochen weiß geputzt
Salz
Pfeffer
etwas Olivenöl
100 ml Lammjus

Schafskäsekruste
250 g Butter
150 g Schafs-Frischkäse (Feta)
50 g schwarze Oliven
50 g grüne Oliven
50 g getrocknete Tomaten
30 g Mie de Pain[1]
50 g Eigelb
Salz und Pfeffer aus der Mühle

Cassoulet
muss über Nacht einweichen
160 g weiße Bohnen, getrocknet
120 g Sellerie
120 g Karotten
120 g Lauch
250 ml heller Lammfond
1 Zweig Bohnenkraut
200 g hell geschmorte Lammschulter, in feine Würfel geschnitten
Butter
3 Schalotten
4 Tomaten in Würfeln
Salz und Pfeffer aus der Mühle
160 g Nadelbohnen
etwas Olivenöl

200 g Kartoffelpüree

1) Mie de pain: ohne die Kruste feinkrümelig geriebenes frisches Weißbrot oder Toastbrot.

1. Das Lammcarrée würzen und in Olivenöl anbraten.

2. Für die Kruste die Zutaten alle miteinander verkneten und auf dem angebratenen Lammrücken verteilen, bei ca. 170 °C für 8–10 Minuten in den Ofen schieben und rosa garen.

3. Für das Cassoulet die weißen Bohnenkerne über Nacht in Wasser einweichen und am nächsten Tag mit dem Röstgemüse, dem Lammfond und dem Bohnenkraut aufkochen und köcheln lassen, bis die Bohnen weich sind. Dann das Röstgemüse und das Kraut herausnehmen und den Fond etwas einreduzieren lassen. Das Lammfleisch und die in Butter angeschwitzten Schalottenwürfel und Tomaten zugeben und weiter einkochen, bis gerade noch so viel konzentrierter Fond bleibt, um die Bohnen zu binden. Die grünen Bohnen (Nadelbohnen) blanchieren, mit Butter oder Olivenöl anschwitzen und mit Salz und Pfeffer abschmecken.

4. Auf den Tellern mit dem Kartoffelpüree einen Rand aufspritzen und das Cassoulet hineinfüllen. Mit Brotkrümeln bedecken und überbacken. Daneben die grünen Bohnen anrichten und das Lammcarrée auftranchiert mit der Lammjus präsentieren.

Das Beste vom Stubenküken

Gefüllte Schmorkeule, gebratene Brust und Sugo mit Pürees von Petersilienwurzel, Steckrüben und Pastinaken

1. Zuerst die Stubenküken sauber zerlegen: Brüstchen auslösen und kalt stellen, Keulen abtrennen und den Oberschenkelknochen entfernen. Von den Oberkeulen ca. die Hälfte des Fleisches entfernen, um die Keulchen dann, mit etwas Farce gefüllt, durch Umklappen der Oberkeule auf die Unterkeule (Haut nach außen!) zu einer Kugel zu formen. Diese Kugeln mit dem Unterschenkelknochen als „Griff" in Alufolie einwickeln, damit sie die kugelige Form behalten und im Ofen bei 160 ° ca. 15 Minuten garen. Anschließend warm stellen.

2. Während der Zubereitung der Pürees das abgeschnittene Fleisch mit den ganzen Fleisch- und Hautresten von der Karkasse in etwas Olivenöl mit den Zwiebelwürfelchen, Rosmarin und Thymian confieren.

3. Die Zubereitung der Pürees ist für jedes gleich: Das Gemüse schälen, würfeln (etwa 3–4 cm) und in Sahne mit Brühe oder Wasser und etwas Salz weich kochen und dann abpassieren. Danach mit der Butter im Mixer pürieren, nicht mit der Kochflüssigkeit! Dabei das Püree zwischendurch mit einem Gummischaber immer wieder zum Messer befördern. Auf diese Weise erhält man sehr feine, feste Pürees, die sich zu Nocken formen lassen und trotzdem wunderbar glatt und fein sind.

4. Die Pürees erwärmen, die Keulchen in Jus glasieren, das Confit kurz durchmischen und abschmecken. Dann nur noch die Brüstchen saftig braten und alles mit der Weißweinsauce und etwas Jus anrichten.

Für 4 Personen

Stubenküken
2 Stubenküken
150 ml Geflügelfond
120 g Geflügelfarce
100 ml Geflügeljus
etwas Olivenöl
Rosmarin
Thymian
1 Zwiebel
1 mittelgroße Karotte
½ Sellerieknolle

Petersilienwurzelpüree
600 g Petersilienwurzel
100 ml Sahne
100 g Blattpetersilie
60 g Butter
Salz und Pfeffer aus der Mühle

Wrukenpüree
600 g Steckrübe (Wruke)
100 ml Sahne
60 g Butter
Salz und Pfeffer aus der Mühle

Pastinakenpüree
600 g Pastinaken
100 ml Sahne
60 g Butter
Salz und Pfeffer aus der Mühle

100 ml Sauce Vin blanc

„Birnen, Bohnen und Speck"

Glasiertes Bäckchen und Filet vom Sattelschwein auf dicken Bohnen, pochierte Birne und Kartoffelpüree

Für 4 Personen

Schweinefilet
150 g Schweineschwarte
50 g Butter
50 g körniger Senf
50 g Mie de Pain[1]
50 ml Eigelb
350 g Schweinefilet
120 ml Jus
120 ml Weißweinsauce
Salz und Pfeffer

Glasierte Bäckchen
1 kg Schweinebacke
frischer Thymian und Rosmarin
50 g Sellerie
50 g Karotten
50 g Lauch
100 ml Rotwein
50 ml Portwein
250 ml Jus

Kartoffelpüree
500 g mehlig kochende Kartoffeln
100 g Markenbutter
150 ml Vollmilch
Salz und Pfeffer aus der Mühle
Muskatnuss

Bohnen
200 g dicke Bohnen
50 g Pancetta
1 Schalotte
10 g Bohnenkraut
50 ml Geflügelfond

Pochierte Birne
muss über Nacht ziehen
250 ml Weißwein
100 g Zucker
4 Williamsbirnen
150 ml Rotwein

1) Mie de pain: ohne die Kruste feinkrümelig geriebenes frisches Weißbrot oder Toastbrot.

1. Für das Filet die Schwarte durch den Fleischwolf geben oder fein würfeln und im eigenen Fett zu knusprigen Grieben ausbraten. Das erkaltete Schmalz mit Butter, Senf, Mie de Pain und Eigelb vermischen und als Kruste auf das gewürzte und angebratene Schweinefilet geben. Im Ofen bei 160 °C ca. 6–8 Minuten rosa garen. Mit etwas Jus und Weißweinsauce anrichten.

2. Die Schweinebacke sauber parieren, würzen und mit Thymian und Rosmarin anbraten. Das Gemüse in Paysanne schneiden und zugeben und mit Rotwein, Portwein und Jus ablöschen. Langsam weich schmoren und zum Schluss aus der Sauce nehmen, die nur noch passiert werden muss.

3. Die Kartoffeln wie Salzkartoffeln weich kochen und sofort mit der Butter und einem Handrührgerät durcharbeiten. Wenn die Masse glatt ist und keine Kartoffelstücke mehr enthalten sind, die heiße Milch zugeben, bis die gewünschte Konsistenz erreicht ist und abschmecken.

4. Die Bohnenkerne blanchieren und aus den zähen Hüllen befreien. Mit fein gewürfeltem Pancetta, Schalotte und Bohnenkraut anschwitzen, Fond zugeben und einkochen, bis die Bohnen schön glasiert sind.

5. Den Weißwein mit 50 g Zucker aufkochen und die geschälten und entkernten Birnen darin pochieren. Erkalten lassen. Danach 50 g Zucker karamellisieren und mit Rotwein ablöschen, einkochen lassen und die pochierten Birnen mit dem Boden in den Fond stellen. Über Nacht ziehen lassen.

6. Das Schweinefilet und die Bäckchen jeweils mit ihrer Sauce rechts und links auf dem Teller platzieren. Die Bohnen jeweils oben und unten auf dem Teller und die pochierte Birne in der Mitte anrichten.

Variation vom Mecklenburger Weiderind

Pochiertes Filet mit souffliertem Kartoffelkuchen
Bavette, Rotweinschalotten und Marksauce
Geschmorte Brust
Daube vom Jarret mit Trüffeln

1. Für den Kartoffelkuchen die Zwiebeln und den Speck fein würfeln und zusammen anbraten. Die Kartoffeln kochen und durchpressen, mit der Zwiebel-Speck-Mischung, dem Eigelb, fein gehackten Kräutern und Gewürzen vermischen und zum Schluss das steif geschlagene Eiweiß unterheben, in eine Form geben und bei 200 °C ca. 20 Minuten backen.

2. Die Bavette parieren, salzen, anbraten und bei 80 °C über ca. 4 Stunden garen. Den Zucker karamellisieren, mit Rotwein und Portwein ablöschen und einreduzieren. Die Schalottenwürfel mit Knoblauch und Thymian andünsten, die Weinmischung zugeben und weiter einkochen, bis eine sirupartige Konsistenz entsteht. Für die weiße Marksauce die Brühe/Fond stark einkochen, bis der Geschmack kräftig konzentriert ist und dann mit dem Markknochenfett im Mixer zu einer weißen Sauce aufmixen. Mit Pfeffer und Salz abschmecken. Die Kalbsjus mit Trüffelfond abschmecken und einige Trüffelscheiben hineingeben. Das Rinderfilet würzen, in Folie einrollen und im Dampf oder Pochierfond ca 15 Minuten gar ziehen lassen.

3. Die Rinderbrust parieren, würzen und anbraten. Das Gemüse zugeben, mitrösten und mit dem Rotwein, dem Kalbsfond und etwas Wasser auffüllen. Alles zusammen langsam weich schmoren. Den Schmorfond passieren, leicht reduzieren und abschmecken. Pro Teller eine Scheibe von der Brust mit der Schmorsauce und einer glasierten Rübe servieren.

4. Für den Schmorbraten das Fleisch leicht vom Knochen lösen und gut salzen und pfeffern. Dann scharf anbraten und schließlich mit Rotwein ablöschen. Das Röstgemüse zugeben und unter Zugabe von Kalbjus weich schmoren. Die Sauce soll sehr konzentriert, dunkel und intensiv werden. Wenn das Fleisch nach ca. 2 Stunden weich ist, aus der Sauce nehmen, warm stellen, die Sauce mit Trüffelfond abrunden und je eine Scheibe des Haxenfleisches mit etwas Sauce und einer glasierten Fingermöhre anrichten.

5. Die verschiedenen Fleischgerichte im Uhrzeigersinn auf dem Teller anrichten und den Kartoffelkuchen dazugeben.

Für 4 Personen

Kartoffelkuchen
50 g Zwiebeln, 50 g Bauchspeck
500 g mehlig kochende Kartoffeln
2 Eigelb, Schnittlauch, Petersilie
Thymian, 6 Eiweiß, 100 g Crème fraîche, Salz und Pfeffer aus der Mühle, Knoblauch, Muskat

Bavette
muss vier Stunden garen
250 g Bavette[1], 50 g brauner Zucker
100 ml Rotwein, 50 ml Portwein
200 g Schalotten, 1 Thymianzweig
1 Knoblauchzehe, 1 kg Markknochen auslassen (100 g Markknochenschmalz wird benötigt)
450 ml heller Kalbsfond oder Rinderbrühe, Salz und Pfeffer aus der Mühle
Trüffelfond, Trüffelscheiben

Filet
250 g Rinderfilet, 10 g eingekochter Wintertrüffel, 100 ml Kalbsjus
Trüffelfond

Geschmorte Rinderbrust
500 g Rinderbrust, 50 g Sellerie
50 g Karotten, 50 Zwiebeln
100 ml Rotwein, 100 ml Kalbsfond
100 ml Wasser, Kräuter
Salz und Pfeffer aus der Mühle
4 Navetten oder weiße Rüben zum Glasieren

Daube de Jarret de boeuf
(Schmorbraten von der Rinderhaxe)
muss 2 Stunden schmoren
1 Rinderhaxe oder Beinscheiben
300 ml Rotwein, 50 g Sellerie
50 g Karotten, 50 g Zwiebeln
300 ml Kalbsjus, 50 g Trüffelfond
Knoblauch, Thymian
Salz und Pfeffer aus der Mühle
Fingermöhren zum Glasieren

1) der Zwerchfellmuskel vom Rind

Desserts

Sorbets von Himbeere, Ananas und Limette
Gefüllte Grießknödel mit Heidelbeeren
Geliertes Champagnersüppchen mit Beeren
Sanddornmousse und edelbittere Schokolade
Regionaler Ziegenkäse im Pancettamantel

Sorbets von Himbeere, Ananas und Limette

mit frischen Früchten

Für 4 Personen

Himbeersorbet
350 g Himbeeren
200 g Fruchtzucker
Zitronensaft

Limettensorbet
Saft und Abrieb von
4 Limetten
150 ml Wasser
200 g Fruchtzucker
1 Blatt Gelatine

Ananassorbet
300 g reife Ananas
200 g Fruchtzucker
1 Prise Salz
1 Blatt Gelatine

Joghurtsauce
100 ml Joghurt
Puderzucker
Zitronensaft

Früchtedekoration
4 EL Blaubeeren und
Johannisbeeren
1 Mango
1 Apfel
4 Erdbeeren
4 Minzblätter
4 Brombeeren

1. Für das Himbeersorbet die Früchte mit dem Zucker und dem Zitronensaft mixen, bis der ganze Zucker gelöst ist. Von dieser Masse 4 EL für den Saucenspiegel aufheben. Das verbleibende Fruchtmus in der Eismaschine einfrieren.

2. Den Saft und Abrieb der Limetten mit dem Wasser und dem Zucker mixen, bis der ganze Zucker gelöst ist. Für den Saucenspiegel 4 EL von der Sorbetbasis aufbewahren. In einem Teil der Sorbetmasse die eingeweichte Gelatine auflösen, dann den Rest wieder dazugeben. Das Sorbet in einer Eismaschine einfrieren.

3. Die Ananas mit dem Zucker mixen, bis der ganze Zucker gelöst ist. In einem Teil des Pürees die Gelatine auflösen und zu dem Rest geben. Von der Sorbetbasis 4 EL für den Saucenspiegel aufbewahren und den Rest der Sorbetmasse in einer Eismaschine einfrieren.

4. Für die Joghurtsauce alle Zutaten miteinander glatt rühren. Dann die Joghurtsauce mittig auf die Teller geben, mit der Fruchtsauce dünn umranden und mit einem Zahnstocher ornamental verzieren. Die Mitte mit geschnittenen Früchten und Beeren verzieren und mit der Minze dekorieren. Außen je eine, also insgesamt drei Nocken Sorbet anrichten.

Gefüllte Grießknödel mit Heidelbeeren

Für 4 Personen

Grießknödel
40 g Vanillezucker
200 g Butter
1 l Milch
Orangenabrieb
Vanille
40 g Zucker
300 g Grieß
4 Eier
100 g Haselnuss-Nougat
Vanillezucker
Zitronenschale
Zimtstange

Schmelze
200 g Butter
100 g Briochebrösel
30 g Puderzucker

Heidelbeeren
400 g Wildheidelbeeren
100 g Zucker
5 g Apfel-Pektin
1 Vanilleschote

Eiscreme
100 g Eier
80 g Eigelb
110 g Zucker
500 g Sahne
1 Tahiti Vanilleschote
1 Prise Salz

Hippenmasse
300 g Puderzucker
200 g weiche Butter
7 Eiweiß
200 g Mehl

1. Die Milch mit Gewürzen, Butter und Zucker aufkochen, den Grieß unter Rühren einstreuen und weiterkochen, so entsteht ein dicker Brei. Den Brei etwas auskühlen lassen und ein Ei nach dem anderen unterrühren. Den Grießbrei kalt stellen. Aus der Masse Knödel von ca. 30 g abdrehen und je einen Nougatwürfel in den Kern eindrehen. Die Knödel in mit Vanillezucker, Zitronenschale, Salz und Zimtstange gewürztem Wasser pochieren.

2. Die Butter schmelzen und die Brösel mit den Zucker darin bräunen, beim Servieren über die warmen Knödel geben.

3. Die Wildheidelbeeren aufkochen und mit der Mischung aus Zucker und Pektin unter Zugebe von Vanille vorsichtig verrühren, nur 1 Minute kochen und dann abfüllen und kalt stellen.

4. Für das Eis die Eier und die Eigelb mit einem Drittel des Zuckers schaumig schlagen. Die Sahne mit dem restlichen Zucker und der ausgekratzten Vanilleschote aufkochen und unter Rühren in die Eiermasse gießen, zur Rose abziehen (siehe Anmerkung, Seite 120) und mit Salz würzen, dann auskühlen lassen und in einer Sorbetiere einfrieren.

5. Für die Hippen die Hälfte des Puderzuckers mit der Butter aufschlagen. Das Eiweiß mit dem restlichen Zucker cremig schlagen und dann mit dem Mehl unter die Butter-Zuckermasse rühren. Aus einem Kunstoffeimerdeckel die Kontur eines Löffels ausschneiden und mit Hilfe dieser Form Hippenlöffel direkt auf Backpapier aufbringen und backen.

6. Die Heidelbeeren als Spiegel auf den Teller geben. Den Rand nach Geschmack mit Tupfen von geschlagener Sahne oder Crème fraîche verzieren. Im Uhrzeigersinn die Knödel mit einer Nocke Eis platzieren und die Löffel-Hippe anlegen.

Geliertes Champagnersüppchen mit Beeren

und Rotweineis

Für 4 Personen

Champagnersüppchen
200 ml Weißwein
50 ml Läuterzucker[1]
1 Blatt Gelatine
200 ml Champagner

Rotweineis
700 ml Portwein
700 ml Rotwein
14 Eigelb
200 g Zucker
Cassismark
200 g Butter

Beeren und Früchte zur Dekoration

1) Läuterzucker: farbloser, reiner Zuckersirup

1. Für das Champagnersüppchen den Weißwein und den Zucker erhitzen und die Gelatine darin auflösen. Die Mischung auf Eis bis kurz vor den Gelierpunkt kalt rühren und dann den eiskalten Champagner unterrühren.

2. Die Weine aufkochen und auf 1 Liter reduzieren, den Zucker zugeben und die kochende Flüssigkeit auf die in einem Mixer verrührten Eigelbe gießen, Mixer langsam laufen lassen, mit Cassismark die Farbe verstärken und abschmecken, um dann die Butter in Flocken bei schneller Drehzahl einzuarbeiten. Die fertige Eismasse gleich in einer Sorbetiere einfrieren.

3. Schöne Beeren und Früchteperlen in den Tellern verteilen und mit Champagnergelee bedecken. Eine Nocke Eis separat servieren.

Sanddornmousse und edelbittere Schokolade

mit Schokoladensorbet

1. Die Eier mit dem Zucker im Wasserbad zur Rose schlagen (siehe Anmerkung) und die kalt eingeweichte Gelatine darin auflösen. Die Masse kalt schlagen und das Sanddornmark unterziehen. Wenn die Gelatine gerade anfängt zu binden, schnell und kurz die fast steif geschlagenen Sahne unterheben. In eine Schüssel füllen, mit Folie abdecken und mindestens drei Stunden kalt stellen. Die Mousse wird später in einen Spritzbeutel mit 10er Lochtülle gefüllt und aufgespritzt.

2. Die Zutaten für das Sorbet alle miteinander erhitzen, bis sich alles aufgelöst hat. Dann kurz mit dem Mixstab emulgieren und einfrieren. Es empfiehlt sich das Sorbet nicht zu lange vor dem Gebrauch zu frieren, weil es nach einer Zeit zu fest wird.

3. Die Johannisbeeren von den Rispen zupfen und waschen. Die Hälfte davon mit etwas Zucker aufkochen, pürieren und durch ein Sieb gießen. Die Sauce kalt stellen. Die frischen Johannisbeeren mit der Sauce binden.

4. Die Johannisbeeren auf den Tellern verteilen. Abwechselnd drei Tupfen Sanddornmousse und je ein Schokoladenblatt anrichten und wiederholen, bis alle 20 Blätter verarbeitet sind.

Für 4 Personen

Sanddornmousse
muss drei Stunden kühlen
250 g Ei
100 g Zucker
7 Blatt Gelatine
500 g Sanddornmark
500 ml Sahne

Schokoladensorbet
1 l Wasser
270 g Zucker
110 g Kakao
270 g dunkle Kuvertüre

1 Schale Johannisbeeren

20 Stück bittere Schokoladenblätter

Anmerkung

Zur Rose abziehen: Eine zur Rose abgezogene Eigelbmasse ist meistens die Grundlage für Cremes und Süßspeisen. Eigelb wird mit Zucker verquirlt und langsam in einem Wasserbad erhitzt. Die Rose bildet sich bei einer Temperatur zwischen 75 °C und 85 °C.

Regionaler Ziegenkäse im Pancettamantel

gebraten mit Knoblauch, Honig und altem Essig

Für 4 Personen

200 g Ziegenfrischkäse
80 g Pancetta[1],
hauchdünn geschnitten
1 junge Knoblauchzehe
30 ml gereifter Weißweinessig
30 g Lavendelhonig
1 Thymianzweig
Pfeffer aus der Mühle

50 g Ölrauke (Rucola)
30 ml Olivenöl-Vinaigrette

1) italienischer Bauchspeck

1. Für das Rezept den Ziegenkäse in flache Zylinder formen und mit Pancetta einwickeln, dann in der Pfanne von beiden Seiten mit dünnen Knoblauchscheiben anbraten. Mit mildem Weißweinessig ablöschen und den Honig und den Thymianzweig zugeben. Mit etwas frisch geriebenem Pfeffer würzen. Den Honig mit dem Essig durch Schwenken der Pfanne emulgieren und dabei den Speck und Käse damit überziehen.

2. Den Ziegenkäse auf warmen Tellern mit etwas Raukensalat anrichten und schnell servieren.

REGISTER

REGISTER

Impressum

Tillmann Hahn
2008 © Bibliothek der Köche für die Süddeutsche Zeitung Edition,
Süddeutsche Zeitung GmbH, München

Fotografie: Bernd Grundmann
Texte: Ingo Swoboda
Rezepte: Tillmann Hahn
Art Director: Eberhard Wolf
Grafik: Julia Wolf
Projektmanagement: Gabriella Hoffmann, Katinka Holupirek
Projektleitung: Dirk Rumberg

Litho: JournalMedia GmbH, München
Herstellung: Hermann Weixler, Luitgard Ludwig
Druck und Bindung: Holzhausen Druck & Medien GmbH, Wien

Printed in Austria
ISBN: 978-3-86615-562-6

SüddeutscheZeitung Shop
Weine, die berühren.
Betreten Sie neues Weinland:
eine Entdeckungsreise in die Welt
herausragender Weine – zusammengestellt
von ausgewiesenen Weinkennern
für die SüddeutscheZeitung.
Bestellen Sie unter 01805 –45 59 06*
oder im Internet unter www.sz-vinothek.de,
wo Sie detaillierte Informationen
zu allen Weinen erhalten.
(* 0,14 Euro /Min. aus dem dt. Festnetz, abweichender Mobilfunktarif möglich.)